J新書 25

最も使える3例文がスゴイ！

超定番の84パターンで世界中どこでも通じる英会話
実力UPキワメル編

ジョセフ・ルリアス　　宮野　智靖
Joseph Ruelius　　Miyano Tomoyasu

Jリサーチ出版

はじめに

1ページやるごとに英会話力がグングンUP！

　本書はみなさんの英会話力を上級レベルにグンと引き上げることのできる**画期的な英会話ルールブック**です。英語を話すためには、英文を正しく構成するための構文力・文法力が極めて重要です。

　本書を執筆するにあたり、まず私たちは英会話に必要な重要英文パターンをリスト化し、それを**使用頻度**と**必要度**の観点から徹底的に検証しました。全部で約200近くのパターンについて何度も討議を重ねた結果、そのうち中級者レベルからなかなか上達できない学習者が習得すべきものを「実力UPキワメル編」として84パターン、本書に収録しました。

　本書の英文はすべてアメリカ人著者のルリアス が作成。実際にネイティブが日常的に使っているナマの英語です。それらの英文を日本語に訳し、解説を付したのが日本人著者の宮野 です。

パターンは「知っている」ではなく、「使える」が重要！

　ここで大切な注意事項です！　「これらのパターンはもうほとんど知っているよ」のレベルではいけないということです。中級者レベルを超え、上級者レベルに達するためには「これらの84パターンは知っている、理解できる」ではなく、**「これらの84パターンを自由自在に使って何でも表現できる」**ことが重要なのです。それができて初めて「重要パターンをマスターした」と言えます。上級者は軽い日常会話だけでなく、少しフォーマルな会話やスピーチなどでも堂々と英語を話せる力が求められるのです。

本書の2つの大きな特長

①重要パターンを完全にモノにできる**丁寧な解説！**

　本書は、多くの例文集に共通する「最低限の解説×多くの例文」という構成ではありません。逆に、**「丁寧な解説×少ない例文」**という方針をとっています。

　せっかく多くの例文を覚えても、英文の仕組みと用法をしっかり把握せずに毎回「例文のマネ」をするだけでは、英語力の底上げはできません。本書では、英会話パターンの仕組みと機能、使い方がしっかり把握できるように、できる限り丁寧な解説を心がけました。日本人が間違いやすい点、フレーズの持つ微妙なニュアンスなど「なるほどポイント」も数多く示しています。

②**最も使える3例文**が会話力の土台になる！

　各パターンを実際の会話でどのように用いるか、**「ミニ会話」**と**「最も使える3例文」**で示しています。むやみに多くの例文を覚えるよりも、よく使われるフレーズを数例に絞ってパターンと一緒に覚えるほうが学習効率は高く、応用の利く「英会話の土台」をしっかりと築き上げることができるのです。

　本書で展開する私たち独自のノウハウにより、楽しみながら英会話の練習を続けていただければ幸いです。1日5分、10分でも構いません。成果を得るためには、とにかく毎日継続して頑張ることが大切です。「英会話の上級者レベル達成」を願っておられるみなさんにとって、本書が大きな助けとなりますように。

著者一同

CONTENTS

はじめに ... 2
本書の利用法 ... 8

第1部　実力UP！すごーく伝わる36パターン

| パターン1 | どうして〜するのですか　What makes you 〜? ... 12
| パターン2 | どうして〜なのですか　How come 〜? ... 14
| パターン3 | どうして〜なのですか　Why [How] is it that 〜? ... 16
| パターン4 | 〜は…だと思いますか　疑問詞＋do you think 〜? ... 18
| パターン5 | 〜なのは…です　It is ... that 〜 ... 20
| パターン6 | …は〜です　What ... is 〜 ... 22
| パターン7 | 〜しさえすればよいのです　All you have to do is 〜 ... 24
| パターン8 | 〜するとはあなたは…です　It's＋形容詞＋of you to do 〜 ... 26
| パターン9 | (…は) もう〜する頃です　It's time (for 人) to do 〜 ... 28
| パターン10 | 〜してから…になります　It's been ... since 〜 ... 30
| パターン11 | …して初めて〜します [しました]　It is [was] not until ... that 〜 ... 32
| パターン12 | まもなく〜でしょう　It won't be long before 〜 ... 34
| パターン13 | もう〜し終わっていました／ずっと〜していました／〜したことがありました ... 36　主語＋had＋過去分詞
| パターン14 | 〜はありません／〜はいません　There is＋否定語 ... 38
| パターン15 | 〜のようです／〜が起こりました／〜が残っています　There＋動詞＋主語 ... 40
| パターン16 | 何も [誰も] 〜しません　Nothing [Nobody] ＋動詞 ... 42
| パターン17 | 〜に違いありません　主語＋must be [do] 〜 ... 44
| パターン18 | 〜のはずがありません　主語＋can't be [do] 〜 ... 46
| パターン19 | 〜のはずです　主語＋should be [do] 〜 ... 48
| パターン20 | 〜すべきです／〜のはずです　主語＋ought to be [do] 〜 ... 50

パターン 21	～かもしれません　主語＋might be [do]～	52
パターン 22	～したに違いありません / ～すべきでした / ～したかもしれません / ～したでしょう	54
	主語＋must / should / could / would＋have＋過去分詞	
パターン 23	以前はよく～したものです / 以前は～でした　主語＋used to do～	56
パターン 24	～に慣れています　主語＋be動詞＋used to～	58
パターン 25	BをするよりむしろAをしたいです　I'd rather A than B	60
パターン 26	よくもずうずうしく～するものだね　How dare＋主語＋動詞～?	62
パターン 27	もしも～しなければ / ～でない限り　Unless～	64
パターン 28	～しさえすれば / ～する間は　As [So] long as～	66
パターン 29	もし～としたら　Suppose (that)～	68
パターン 30	いったん～すれば　Once～	70
パターン 31	～するまでには　By the time～	72
パターン 32	今度～する時には　Next time～	74
パターン 33	～する時はいつでも　Every time～	76
パターン 34	今や～だから　Now (that)～	78
パターン 35	～の場合は / ～するといけないので　In case～	80
パターン 36	たとえ～であっても　No matter～	82
復習テスト①		84
コラム		92

第2部　表現の幅ＵＰ！ここで差がつく48パターン

パターン 37	～するのは…だと思います　I find it＋形容詞＋to do～	94
パターン 38	～のようです / ～らしいです　It seems (that)～	96
パターン 39	それは～なことです（それは～ではありません）　That's (not) what～	98
パターン 40	非常に…なので～です　主語＋動詞＋so ... (that)～	100
パターン 41	あまりに…すぎて～できません　主語＋動詞＋too ... to do～	102

CONTENTS

パターン 42	~するのに十分…です 主語＋be動詞/一般動詞＋形容詞/副詞＋enough to *do* ~	104
パターン 43	~してもいいですか Is it okay [all right] if I *do* ~	106
パターン 44	それは~次第です / それは~によります It depends on ~	108
パターン 45	~したい気がします I feel like *doing* ~	110
パターン 46	~することはできません There is no *doing* ~	112
パターン 47	~しても無駄です It's no use *doing* ~	114
パターン 48	…は~する価値があります 主語＋be動詞＋worth *doing* ~	116
パターン 49	~せざるを得ません / ~せずにはいられません 主語＋can't help *doing* ~ / can't help but *do* ~	118
パターン 50	~するしかありません / ~するほか仕方がありません I have no (other) choice but to *do* ~	120
パターン 51	~した方がいいでしょう 主語＋might as well *do* ~	122
パターン 52	~はどう？ / ~はいかが？ What do you say to ~?	124
パターン 53	…が~することを提案します / …が~してはどうでしょう I suggest (that)＋主語＋*do* ~	126
パターン 54	~するようにお勧めします / ~した方がいいですよ I advise you to *do* ~	128
パターン 55	(…は)~するとよいでしょう It would be a good idea (for 人) to *do* ~	130
パターン 56	~することが許されています 主語＋be動詞＋allowed to *do* ~	132
パターン 57	必ず~してください / きっと~してください Be sure to *do* ~	134
パターン 58	~することに決めました / ~することにしました 主語＋(have / has)＋decided to *do* ~	136
パターン 59	~するつもりです 主語＋mean to *do* ~	138
パターン 60	~することになっています / ~しなければなりません 主語＋be動詞＋supposed to *do* ~	140
パターン 61	~することになっています / ~しなければなりません 主語＋be動詞＋to *do* ~	142
パターン 62	~してしまった…です 主語＋動詞＋to have＋過去分詞	144
パターン 63	…すると~ / …なので~ 現在分詞/過去分詞 …, ~	146

パターン64	~してもらいました / ~されました 主語＋had [got]＋目的語＋過去分詞		148
パターン65	…に~してもらいました / …に~させました 主語＋had＋人＋do ~		150
パターン66	もし…なら、~でしょうに		152
	If＋主語＋動詞の過去形 …, 主語＋助動詞の過去形＋動詞の原形 ~		
パターン67	もし…していたら、~であったでしょうに		154
	If＋主語＋had＋動詞の過去分詞 …, 主語＋助動詞の過去形＋have＋動詞の過去分詞 ~		
パターン68	もし…していたら、~でしょうに		156
	If＋主語＋had＋動詞の過去分詞 …, 主語＋助動詞の過去形＋動詞の原形 ~		
パターン69	~がなかったら If it were not [had not been] for ~		158
パターン70	~であればよいのになあ / ~であったらよかったのになあ I wish (that) ~		160
パターン71	~でありさえすればなあ If only ~		162
パターン72	~したらどうなりますか / ~だったらどうしますか What if ~?		164
パターン73	~していただけると、ありがたいのですが		166
	I'd appreciate it if you would [could] do ~		
パターン74	~してもかまいませんか / ~していただけますか Do [Would] you mind ~?		168
パターン75	私もそうです So do I.		170
パターン76	私もそうではありません Neither [Nor] do I.		172
パターン77	決して~しません 否定語＋動詞＋主語		174
パターン78	ほら~ですよ There [Here]＋動詞＋主語		176
パターン79	確かに~です / 本当に~しました 主語＋do [does, did]＋動詞		178
パターン80	今~です 主語＋is [are, was, were]＋being＋形容詞		180
パターン81	~なのは当然です / ~なのも不思議ではありません No wonder＋主語＋動詞		182
パターン82	~というわけではありません Not that ~		184
パターン83	…すればするほど、(ますます)~です The 比較級, the 比較級		186
パターン84	…に~させます 主語＋動詞＋目的語（人）		188
復習テスト②			190

本書の利用法

　本書は「パターン」「なるほど！こう考えればカンタンに使える」「すぐにチェック！ミニ会話」「最も使える3例文」と、それぞれの解説で構成されています。パターン1～パターン84まで、順番どおりに学習していけば英会話の基本がマスターできるようになっています。

> Step 1
> まずは「パターン」と「なるほど！こう考えればカンタンに使える」を読み、パターンの骨格となる文法構造と用法をしっかり理解しましょう。

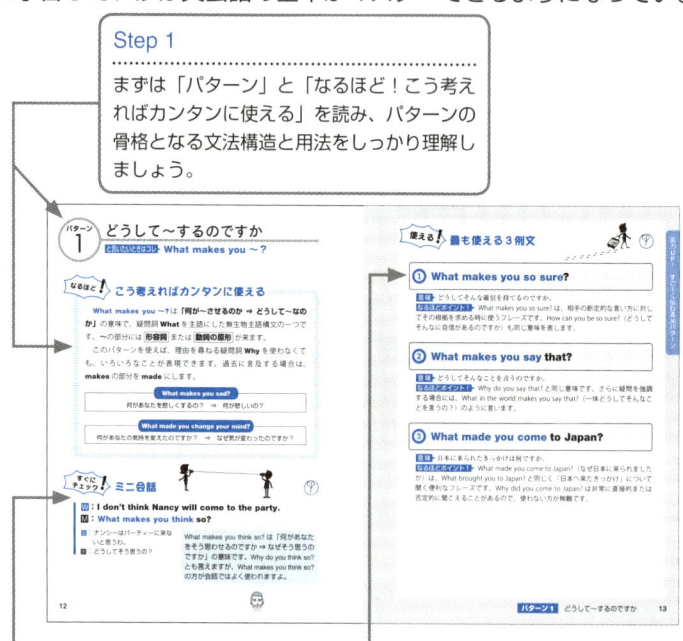

> Step 2
> パターンが男女の会話の中でどのように使われているか、チェックしてみましょう。

> Step 3
> 例文を覚えましょう。無理なくしっかり覚えられるように、最も使用頻度の高いもの3例を載せています。解説を読み、用法や応用例をしっかり身につけましょう。

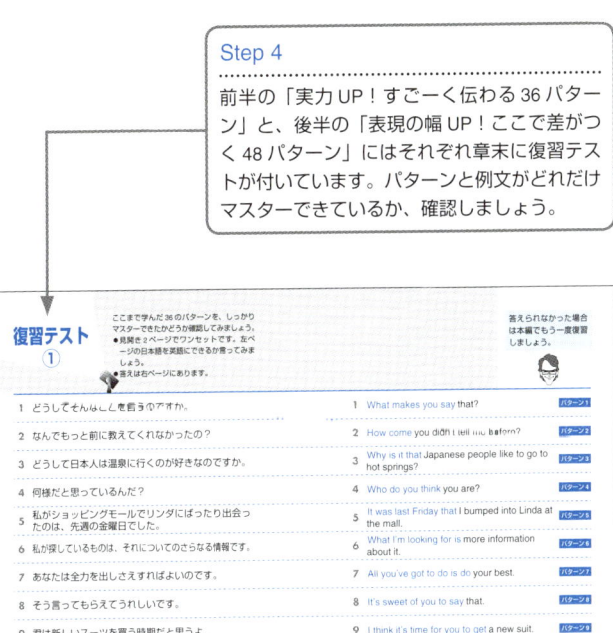

> **Step 4**
>
> 前半の「実力UP！すごーく伝わる36パターン」と、後半の「表現の幅UP！ここで差がつく48パターン」にはそれぞれ章末に復習テストが付いています。パターンと例文がどれだけマスターできているか、確認しましょう。

・・

● 本書のパターン・解説では、以下をイタリック（斜体）で表記しています。
do = 動詞の原形　*be* = be 動詞　*doing* = 現在分詞 / 動名詞　*one's* = 人称代名詞の所有格
● 本書の解説で、英文中の（　）内の語（句）は省略可能を示しています。また、［　］内の語（句）は直前の語（句）と言い換えが可能であることを表しています。

 ＝ルリアス　　 ＝宮野

🎧 付属 CD の効果的な利用法

付属 CD には、「各パターンの見出し」、「すぐにチェック！ミニ会話」、「最も使える 3 例文」が収録されています。8 ページの Step 1〜3 を行ってから、以下のように CD を活用してください。

①会話・例文を目で追いながら、耳でしっかり聞きましょう。英語が英語のままで意味をともない頭に入ってくるまで、聞き続けてください。
②例文を見ながら、音声をリピートしてみましょう。聞こえてくる音を真似して、なるべくネイティブに近い発音ができるようになるまで練習しましょう。
③少し高度な発展的トレーニングを行いたい人は、シャドーイングにチャレンジしましょう。シャドーイングとは、例文の音声が終わるのを待たずに、音声をすぐ後から追いかけて真似をするスピーキング練習です。音声に半歩遅れて影のようについていくことで、耳と口を同時に鍛えられ、ネイティブ特有の音感とスピードが身につきます。（※興味のある方は、『ゼロからスタート シャドーイング』（Ｊリサーチ出版）もご覧ください）

第1部

実力UP！
すごーく伝わる
36パターン

パターン1 どうして〜するのですか

と言いたいときはコレ What makes you 〜?

なるほど！ こう考えればカンタンに使える

What makes you 〜? は「**何が〜させるのか ⇒ どうして〜なのか**」の意味で、疑問詞 **What** を主語にした無生物主語構文の一つです。〜の部分には 形容詞 または 動詞の原形 が来ます。

このパターンを使えば、理由を尋ねる疑問詞 **Why** を使わなくても、いろいろなことが表現できます。過去に言及する場合は、**makes** の部分を **made** にします。

What makes you sad?
何があなたを悲しくするの？ ⇒ 何が悲しいの？

What made you change your mind?
何があなたの気持を変えたのですか？ ⇒ なぜ気が変わったのですか？

すぐにチェック！ ミニ会話

W : I don't think Nancy will come to the party.
M : What makes you think so?

女：ナンシーはパーティーに来ないと思うわ。
男：どうしてそう思うの？

What makes you think so? は「何があなたをそう思わせるのですか ⇒ なぜそう思うのですか」の意味です。Why do you think so? とも言えますが、What makes you think so? の方が会話ではよく使われますよ。

最も使える3例文

① What makes you so sure?

意味 どうしてそんな確信を持てるのですか。
なるほどポイント! What makes you so sure? は、相手の断定的な言い方に対してその根拠を求める時に使うフレーズです。How can you be so sure?（どうしてそんなに自信があるのですか）も同じ意味を表します。

② What makes you say that?

意味 どうしてそんなことを言うのですか。
なるほどポイント! Why do you say that? と同じ意味です。さらに疑問を強調する場合には、What in the world makes you say that?（一体どうしてそんなことを言うの?）のように言います。

③ What made you come to Japan?

意味 日本に来られたきっかけは何ですか。
なるほどポイント! What made you come to Japan?（なぜ日本に来られましたか）は、What brought you to Japan? と同じく「日本へ来たきっかけ」について聞く便利なフレーズです。Why did you come to Japan? は非常に直接的または否定的に聞こえることがあるので、使わない方が無難です。

パターン1 どうして〜するのですか

パターン2 どうして～なのですか

と言いたいときはコレ How come ～?

なるほど！ こう考えればカンタンに使える

How come＋主語＋動詞? は「どうして～なのですか」の意味を表します。**How come** は **Why** と同じ意味を表しますが、**Why** よりも少しくだけた表現なので、もっぱら口語（話し言葉）で用います。

この2つの大きな違いは疑問文の作り方にあります。**Why** の場合、後ろは通常の疑問文の語順となるので主語と述語が逆転しますが、**How come** の場合、後ろは**平叙文の語順**になります。これは **How come** が **How does [did] it come about that ～? の省略形**だからです。

語順の違いに注意！

どうして怒っているの？
① **Why are you** upset?
② **How come you are** upset?

すぐにチェック！ ミニ会話

W：**How come you didn't come to work yesterday?**
M：**I had a fever and a terrible headache.**

女：昨日はどうして仕事を休んだの？
男：熱が出て、ひどい頭痛もあったんだ。

過去形の疑問文にする場合は、How come の後に過去形の文をつなげればよいわけですね。How come?（どうして？）は、Why?（なぜ？）と同じく、単独で用いられることもあります。

① How come you are late?

意味▶ どうして遅れたの？
なるほどポイント！▶ 人との待ち合せ時間に遅れれば、友達や恋人にこう言われるでしょうし、学校の授業に遅刻すれば、先生にこう詰問されるでしょう。そんな時は、The train was late.（電車が遅れたんだ）や I overslept.（寝坊したんです）などとはっきり理由を言いましょう。

② How come you are opposed to the idea?

意味▶ どうしてその考えに反対なのですか。
なるほどポイント！▶ Why で始めるなら、Why are you opposed to the idea? となりますね。are opposed to the idea の部分は、もっと簡単に are against the idea と言うことができます。その反対の「賛成なのですか」なら、are in favor of the idea または are for the idea と言えば OK です。

③ How come you didn't tell me before?

意味▶ なんでもっと前に教えてくれなかったの？
なるほどポイント！▶ Why didn't you tell me before?（どうして教えてくれなかったの？/ 何で黙ってたの？）と同じで、「相手が今言ったことは初耳であり、それならそうともっと早く教えて欲しかった」という場合に使うフレーズです。before の代わりに、earlier を使うこともあります。

パターン 2 どうして〜なのですか

パターン3 どうして～なのですか

と言いたいときはコレ Why [How] is it that ～?

なるほど！こう考えればカンタンに使える

Why is it that ～? と **How is it that ～?** は共に「**どうして～なのですか**」の意味を表します。使用頻度は **Why is it that ～?** の方が高いです。

これらの表現は文脈によって、**it ... that** の強調構文の変形、あるいは形式主語構文の変形と見なされます。いずれにしても、**Why hasn't he called you lately?**（この頃はなぜ彼はあなたに電話をしてこないの？）と言うよりも、まず **Why is it** と言い、その後の **that 以降は平叙文の語順**ですし、うまく時間を稼ぎつつ、自分の言うべきことをゆっくりと考えながら言える（⇒ **Why is it that he hasn't called you lately?**）点では日本人にとってとても便利な表現だと言えるでしょう。

すぐにチェック！ミニ会話

W: **Why is it that** you've come to like Japanese food?
M: I think it's because of my girlfriend.

女：どうして和食が好きになったの？
男：ガールフレンドが理由だと思うよ。

女性が、日本人のガールフレンドを持つ外国人男性に質問している場面です。Why have you come to like Japanese food? の代わりに、Why is it that ～? のパターンが使われていますね。

最も使える3例文

① Why is it that Japanese people like to go to hot springs?

意味▶ どうして日本人は温泉に行くのが好きなのですか。
なるほどポイント！▶ Why do Japanese people like to go to hot springs? の代わりに、Why is it that 〜? のパターンを使った例です。

② Why is it that you decided to work for this company?

意味▶ この会社で働こうと思ったのはなぜですか。
なるほどポイント！▶ Why did you decide to work for this company? の代わりに、Why is it that 〜? のパターンを使った例です。What makes you 〜? のパターンを使って、What made you decide to work for this company? と言うことも可能です。

③ How is it that many find it difficult to draw a line between work and family life?

意味▶ 多くの人が仕事と家庭生活の間に境界線を引くのが難しいと思っているのはなぜですか。
なるほどポイント！▶ How is it that を Why is it that に代えても、意味は同じです。many の後には people が省略されています。〈find it＋形容詞＋to 不定詞〉の it は形式目的語で、真の目的語は不定詞句の部分です。

────────── ボキャブラリー ──────────

例文1 □ hot spring　温泉
例文3 □ draw a line　境界線を引く、一線を画する

パターン3　どうして〜なのですか

パターン 4 〜は…だと思いますか

と言いたいときはコレ▶ 疑問詞 ＋ do you think 〜?

なるほど！ こう考えればカンタンに使える

疑問詞を文頭に出して、**「何【誰／いつ／どこ／どれ／なぜ／どう】だと思いますか」**と質問する場合には、疑問詞 ＋ do you think 〜? のパターンが使われます。文頭には、**What** の他、**Who, When, Where, Which, Why, How** などすべての疑問詞を使うことが可能です。

この形は特殊疑問文の一つであり、**do you think** の部分は挿入的なものです。動詞には **think** の他、**guess** や **suppose** なども使われます。
例：**What do you think he's doing?**（彼は何をしていると思いますか）、**Who do you guess will win?**（誰が勝つと思いますか）、**Which do you suppose is the better plan?**（どちらの方がよい計画だと思いますか）

すぐにチェック！ ミニ会話

W：**Where do you think we should go for dinner?**
M：**Anywhere is fine. You decide.**

女：夕食はどこに行けばいいと思う？
男：どこでもいいよ。きみが決めてよ。

Where should we go for dinner? に do you think を挿入すると、Where do you think の後は平叙文の語順になるわけですね。You decide. の代わりに、I'll let you decide. と言うこともできます。

使える！最も使える3例文

① What do you think is the best way to learn a foreign language?

意味 外国語を学ぶのに一番よい方法は何だと思いますか。
なるほどポイント！ この形に慣れるまでは、まず do you think の部分を除外して、What is the best way to learn a foreign language? の部分の意味をしっかりと捉え、その後で再度全体の意味を掴むようにすればよいでしょう。

② Who do you think you are?

意味 何様だと思っているんだ？
なるほどポイント！ 態度のでっかい人には、Who do you think you are?（一体何様のつもり？）と言ってあげましょう。さらに、Who do you think you're talking to?（誰に向かって口聞いているんだ？）や Who do you think I am?（俺を誰だと思っているんだ？）も覚えておくと便利です。

③ How long do you think it will take to get to the airport?

意味 空港まで行くのにどのくらい時間がかかると思いますか。
なるほどポイント！ 疑問詞に How を使った別の例も見ておきましょう。
例：How old do you guess my mother is?（私の母は何歳だと思いますか）、How many people do you think will attend the event?（そのイベントにはどれくらいの人が出席すると思いますか）

パターン4 〜は…だと思いますか

パターン 5　〜なのは…です

と言いたいときはコレ It is ... that 〜

なるほど！ こう考えればカンタンに使える

強調したい語句を **It is ... that 〜** の **...** の部分に入れて表す**強調構文**です。文の時制が過去であれば、もちろん **It was ... that 〜** の形になります。**...** の部分には、主語・目的語・補語となる名詞や代名詞、または副詞（句・節）が来ます。動詞や形容詞を強調することはできません。強調する名詞が**「人」**の場合は **that** の代わりに **who** を、**「物」**の場合は **that** の代わりに **which** を用いることもできます。

---
that の代わりに who でも OK

It was **Tom** that [who] told me the story.
（その話を私に教えてくれたのは、トムです）

---
that の代わりに which でも OK

It is **this letter** that [which] I received yesterday.
（昨日私が受け取ったのは、この手紙です）

すぐにチェック！ ミニ会話

M : Where did you say you saw Beth yesterday?
W : It was **not Beth but Beth's sister** that I saw in the hospital yesterday.

男：ベスに昨日どこで会ったって言ったの？
女：ベスじゃなくてベスのお姉さんよ、昨日私が病院で会ったのは。

ここで強調したいのは、not Beth but Beth's sister の部分です。強調構文では少し長めの句のみならず、節を強調することもできるのです。

① It is Peter that is responsible for this project.

意味 このプロジェクトの責任者は、ピーターです。
なるほどポイント！ Peter の代わりに、代名詞を使う場合には、It is he that [who] is responsible for this project. となります。ただし、会話の中では It is him that [who] is ～とくだけた言い方になることもよくあります。

② It is a lot of patience that you need for this kind of work.

意味 この手の仕事に必要なのは、かなりの忍耐力です。
なるほどポイント！ that の代わりに、which を使うことも可能ですが、会話では圧倒的に that を用いることが多いです。この that は会話では、省略されることさえあります。

③ It was last Friday that I bumped into Linda at the mall.

意味 私がショッピングモールでリンダにばったり出会ったのは、先週の金曜日でした。
なるほどポイント！ last Friday のような副詞句や副詞節を強調する場合は、that を用います。この場合の that は、会話では省略されることがよくあります。

ボキャブラリー

- **ミニ会話** □ not A but B　A ではなく B
- **例文 2** □ patience 名 忍耐、我慢強さ
- **例文 3** □ bump into ～　～にばったり出くわす（= run into ～）

パターン 5　～なのは…です

パターン6 …は〜です

と言いたいときはコレ **What ... is 〜**

なるほど！ こう考えればカンタンに使える

関係代名詞の **what（〜すること・もの）** を使って、主語や目的語を強調するパターンです。be 動詞の部分は過去形になることもあるので、**What ... is [was]** 〜の形で覚えておくとよいでしょう。

What I like is his sincerity.（私が好きなのは、彼の誠実さです）は、**I like his sincerity.** の目的語 **his sincerity** を強調しています。また、**What surprised me was her cold attitude.**（私を驚かせたのは、彼女の冷たい態度でした）では、**Her cold attitude surprised me.** の主語を強調しています。日本人学習者の多くは、**what** を使った強調構文をあまり使わないようですが、ネイティブスピーカーは実によく使います。

すぐにチェック！ ミニ会話

W: You like staying at Sun Palace Hotel, don't you?
M: Yes, I do. **What is good about the hotel is** its location.

女: あなたはサンパレス・ホテルに宿泊するのが好きね？
男: うん、そうだよ。そのホテルの良いところは立地がいいことなんだ。

ほとんどの日本人学習者なら、The good thing about the hotel is its location. と答えるでしょう。それでも悪くはありませんが、〈What is good [bad] about ... is 〜〉のパターンを覚えておくととても便利ですよ。

① What I'm looking for is **more information about it.**

意味 私が探しているものは、それについてのさらなる情報です。
なるほどポイント！ この文は、I'm looking for more information about it. を what を使って強調の形にしたものですが、It ... that 〜の強調構文を使えば、It is more information about it that I'm looking for. と言えます。

② What he is doing is **putting the glass into the oven.**

意味 彼がやっていることは、ガラスを炉に入れる作業です。
なるほどポイント！ 例えば、What is he doing over there? に対して、普通は He is putting the glass into the oven. と答えれば十分ですが、putting the glass into the oven の部分を強調したい場合には、what を使った強調構文を使えるわけです。

③ What I still don't understand is **why he had to tell me such a lie.**

意味 いまだに私がわからないのは、なぜ彼がそのような嘘を私に言わなければならなかったのかということです。
なるほどポイント！ What ... is の後が少し長い例です。is の後は名詞句だけでなく、このような疑問詞や、that 節が続く場合もあるわけですね。〈What ... is [was] 〜〉を使って、少し長い文も作れるように練習しておきましょう。

～しさえすればよいのです

と言いたいときはコレ All you have to do is ～

なるほど！ こう考えればカンタンに使える

　All you have to do is の後は、**(to) do** ～の形が続きます。正式には **to** 不定詞の名詞的用法「～すること」が続くわけですが、会話ではほとんどこの **to** は省略されます。**All you have to do is** は、**all** を使った強調表現であり、日本語の**「～しさえすればよい／～するだけで OK だ／～をやるだけで構わない」**に相当します。

　会話では **have to** がしばしば **have got to** になるため、**All you have to do is** は、**All you've got to do is** となることもあります。**you** の部分を **I**、**he**、**she**、**they** などに変えれば、応用の幅がさらに広がりますね。

すぐにチェック！ ミニ会話

W: Excuse me, sir. How do you use this machine?
M: It's simple. All you have to do is press this button.

女：すみません。この機械はどのように使うのですか。
男：簡単ですよ。このボタンを押すだけです。

> 「このボタンを押す」は press this button の代わりに、push this button と言うことも可能です。

最も使える３例文

① All you have to do is study hard.

意味▶ あなたは一生懸命勉強しさえすればよいのです。
なるほどポイント！▶ 全然勉強もしていないくせに「自分は駄目だ〜！」なんてことを言う生徒に言ってあげたいフレーズです。大して勉強もしていないくせに「自分は勉強しているのに駄目だ〜！」なんてことを言う子には、All you have to do is study harder. と言ってあげるとよいでしょう。

② All he has to do is wait and see.

意味▶ 彼は成り行きを見てさえいればよいのです。
なるほどポイント！▶ ことの展開に不安を抱く人や見通しのつかない状況に頭を抱えている人に対するコメントです。wait の前に強意の副詞 just（ただ）を付けて、All he has to do is just wait and see. と言うこともあります。

③ All you've got to do is do your best.

意味▶ あなたは全力を出しさえすればよいのです。
なるほどポイント！▶ 「とにかく頑張れ！/ 最善を尽くせばどうにかなるって！」と相手を励ましたい場合に使えるフレーズです。〈have got to = have to〉と覚えておきましょう。

ボキャブラリー

- **ミニ会話** □ press 動 〜を押す
- **ミニ会話** □ button 名 ボタン
- **例文2** □ wait and see 時機を待つ、静観する
- **例文3** □ do *one's* best 最善（全力）を尽くす

パターン7 〜しさえすればよいのです

パターン8 〜するとはあなたは…です

と言いたいときはコレ It's ＋ 形容詞 ＋ of you to *do* 〜

なるほど！ こう考えればカンタンに使える

〈基本カンタン編〉の **パターン62** では、It's ＋ 形容詞 ＋ for you to *do* 〜（あなたにとって〜することは…です）を扱いました。**It's ＋ 形容詞 ＋ of you to *do* 〜（あなたが〜することは…です ⇒ 〜するとはあなたは…です）**は一見、それと非常に似て見えるわけですが、**for** が **of** となることで意味がまったく異なることに注意しましょう。

このパターンには、必ず kind や careless, nice, wise のように **人を評価する形容詞**が使われます。例：**It's kind of you to help me.**（手伝ってくださるなんて、ご親切ですね）、**It was careless of him to make such a mistake.**（そんな間違いをするなんて、彼はうかつでしたね）

すぐにチェック！ ミニ会話

M：**It's very nice of you to come.**
W：**Oh, thanks for having me.**

男：よくおいでくださいました。
女：こちらこそ、ご招待いただきありがとうございます。

nice（親切な）は good に言い換え可能です。主語の行為に対する話し手の評価を表す形容詞（brave：勇敢な, foolish：愚かな, honest：正直な, polite：礼儀正しい, sweet：優しい）はたくさん覚えておきましょう。

使える！ 最も使える3例文

① It's sweet of you to say that.

意味 そう言ってもらえてうれしいです。
なるほどポイント！ sweet は女性が好んで使う語です。同じお礼を表す表現として男性でも普通に使えるものとしては、It's nice [good, kind] of you to say that. を覚えておくとよいでしょう。もちろん、もっと簡単に I'm glad to hear you say that. と言っても OK です。

② It was careless of you to leave the water running.

意味 水を出しっ放しにするなんて、うっかりしていましたね。
なるほどポイント！ You were careless to leave the the water running. を、〈It's ＋形容詞＋of you to *do* ～〉で表現したものです。careless は「不注意な、うかつな」の意味の形容詞です。状況に応じて、It's の部分が It was になったり、of you の部分が〈of＋他の(代)名詞〉になったりしますよ。

③ It would be wise of Kate to consult with a specialist for advice on the issue.

意味 ケイトはその問題についての助言を専門家に相談するのが賢明でしょう。
なるほどポイント！ 〈It's＋形容詞＋of you to *do* ～〉の It is は、未来や推量などを表す場合には It will be としてもよいですし、もっと控えめな It would be（～でしょう）としてもよいわけです。

ボキャブラリー

例文3 □ consult with ～ ～に相談する

パターン8 ～するとはあなたは…です

パターン 9　（…は）もう〜する頃です

と言いたいときはコレ **It's time (for 人) to do 〜**

なるほど！ こう考えればカンタンに使える

「もう〜するべき頃だ / もう〜してもいい頃だ」と聞くと、すぐに **It's time＋主語＋仮定法過去** の形を思い出す人は多いと思います。**It's time you went to bed.**（もう寝る時間ですよ）のような文です。

そして、**time** の前に **about** を付けると**「そろそろ〜する頃だ」**、**high** を付けると**「とっくに〜する頃だ」**の意味になりましたよね。

もちろん、この仮定法過去を使ったパターンも日常会話で使われることはありますが、アメリカではほぼ同じ内容を表現できる **It's time (for 人) to do 〜** を使って、**It's time for you to go to bed.** と言うのが普通なのです。もちろん、**about** や **high** は同じように使えます。

すぐにチェック！ ミニ会話

W : **It's time for me to leave.**
M : **Right. Thanks for coming over.**

女：もう帰る時間だわ。
男：そうだね。来てくれてありがとう。

> 「そろそろ（帰る時間だ）」と言うニュアンスを出したい場合には、It's about time for me to leave. と言うことも可能です。

① It's about time for you to get ready for school, isn't it?

意味 もうそろそろ学校へ行く支度をする時間でしょ？
なるほどポイント！ お母さんが朝、子どもに言うフレーズです。It's about time で「もうそろそろ～する時間だ」の意味ですね。この文では、文末に付加疑問文が使われています。

② I think it's time for you to get a new suit.

意味 君は新しいスーツを買う時期だと思うよ。
なるほどポイント！ 相手の古くなったスーツを見て「もうスーツを新調してもよい頃ではないか」と言いたい時に使える表現です。文頭に I think を入れると、提案・助言の語調をさらに和らげることができます。

③ It's high time to come up with a new budget plan.

意味 新しい予算案を策定する潮時です。
なるほどポイント！ It's high time ですから、「もうとっくに～すべき時だ / 今こそ～すべき時だ ⇒ ～する潮時だ」という意味です。ここでは、time の直後に for us を入れてもよいわけですが、わかり切ったことなので省略してあります。

―――――― ボキャブラリー ――――――

例文3 □ budget plan　予算案

パターン 9　（…は）もう～する頃です

パターン 10 ～してから…になります

と言いたいときはコレ ▶ It's been ... since ～

なるほど！ こう考えればカンタンに使える

since は「**～して以来**」という意味で、主節の動作・状態が始まる時点を示す接続詞または前置詞です。**It's been ... since ～** の **...** の部分には年数や時間を表す語句が来ます。～部分には必ず過去時制を表す語句あるいは節が来ます。**It's been** は **It has been** のことです。

「彼が亡くなってから3年になります」であれば、

接続詞の since	前置詞の since
It's been three years since he died.	It's been three years since his death.

文法学者の中には「**It's been** は誤りで **It is** とするのが正しい」と言う人もいますが、現代英語では **It's been** を使う方が多いようです。

すぐにチェック！ ミニ会話

W: **What has become of Todd?**
M: **I don't know. It's been so long since I last heard from him.**

女：タッドはどうしてるの？
男：知らないよ。最後に彼から連絡をもらってからずいぶん経つよ。

It's been so long は、It's been a very long time と同じ意味です。so long の so（とても、すごく）を取って強調の度合いを少し下げれば、It's been long（＝ It's been a long time）となります。

最も使える3例文

① It's been a while since I last saw you.

意味▶ 久しぶりですね。
なるほどポイント！▶「久しぶりですね」の意味のフレーズです。It's been a while の代わりに、It's been a long time や It's been ages と言っても OK です。since I last saw you は、since I saw you last とも言えます。since 以下を省略して、It's been a while. や It's been a long time. とだけ言うこともあります。

② It's been only a few months since I took up golf.

意味▶ ゴルフを始めてからほんの数ヶ月しか経っていません。
なるほどポイント！▶ ネイティブスピーカーの中には、since I took up golf の部分も現在完了にして since I've taken up golf と言う人がいます。しかし、それはかなりくだけた表現なので、日本人学習者は使わない方がよいでしょう。

③ It's already been 12 years since I started working here.

意味▶ ここで働き始めてもう 12 年になります。
なるほどポイント！▶ 副詞 already（もう、すでに）の位置に関しては、It's already been 12 years と It's been already 12 years のどちらでも OK です。上の 例文2 も同様に、It's been only a few months と It's only been a few months のどちらも言えます。

────── ボキャブラリー ──────

例文2 □ take up 〜 〜を始める

パターン 10 〜してから…になります

…して初めて～します［しました］

と言いたいときはコレ It is [was] not until ... that ～

 **こう考えればカンタンに使える**

It is [was] not until ... that ～は、It ... that の強調構文の一種であり、not until ... の**副詞句**または**副詞節**の部分を強調するものです。**「…の時点まで～しない ⇒ …して初めて～する」**の意味を表します。

副詞句

It was not until last night that I heard the news.
（昨夜になって初めて、その知らせを聞きました）

副詞節

It wasn't until I got to work that I realized I had left my wallet at home.
（職場に着いて初めて、家に財布を置き忘れてしまったことに気づきました）

日常会話では短縮形の **It isn't [wasn't] until** がよく使われます。

W: **Have you studied French since you were young?**
M: **No. It wasn't until I was forty-five that I started studying it.**

女：若い頃からフランス語を勉強してこられたんですか。
男：いいえ。45歳になって初めて、それを勉強し始めました。

> この場合は、男性の答えとして that 以下はわかり切ったことなので省略して、It wasn't until I was forty-five. と言うことも可能です。

最も使える3例文

① It wasn't until after midnight that I finished my homework.

意味▶ 夜中を過ぎてようやく、宿題を終えました。
なるほどポイント！▶ 〈It is [was] not until ... that 〜〉の until の代わりに、もっとくだけた till を使っても OK です。また、会話の中では、that を省略することもあります。until [till] after は「〜の後まで」という意味の二重前置詞ですが、こういう表現もうまく使いこなせるように練習しておきましょう。

② It isn't until you lose your health that you realize its value.

意味▶ 健康は失ってみて初めて、その価値がわかるものです。
なるほどポイント！▶ 「健康のありがたさ」は、確かに健康を害して初めてわかりますよね。〈It is [was] not until ... that 〜〉のパターンを使わずに、You don't realize the value of health until you lose it. や You realize the value of health after you lose it. のように言うことも可能です。

③ It won't be until next spring that you will have a chance to take the class.

意味▶ 来年の春になれば、そのクラスを受けるチャンスはあるでしょう。
なるほどポイント！▶ 〈It is [was] not until ... that 〜〉のパターンは、It is [was] not だけでなく、未来を表す場合には〈It will not be until ... that 〜〉の形で用いられます。It will not be until の部分は、会話では It won't be until となることが多いです。

 パターン 11 …して初めて〜します［しました］

まもなく～でしょう

と言いたいときはコレ It won't be long before ～

なるほど！ こう考えればカンタンに使える

It won't be long before ～ は、**It is ... before ～**（～するには…かかる）の形を取る表現の中で最もよく使われるパターンです。

It is … before ～

It will be another month **before** he recovers.
（彼が回復するまでにもう１ヶ月はかかるでしょう）

It was not long **before** the plane arrived.
（まもなくその飛行機は到着しました）

要するに、**It won't be long before ～** は「**～するまでは長くないでしょう ⇒ まもなく～するでしょう**」の意味です。ネイティブの中には **before** の代わりに **until** を使って、**It won't be long until ～** と言う人もいますが、それはかなりくだけた表現です。

すぐにチェック！ ミニ会話

W: **It won't be long before** Bill gives up the idea of becoming a dancer.

M: I doubt it. He sometimes doesn't know when to give up.

女: すぐにビルはダンサーになることを断念するでしょうね。

男: それはどうだろう。結構あきらめが悪い奴だからね。

ここでは〈It won't be long before ～〉を使った少し長めの文になっていますが、要は before の後に現在時制の平叙文を入れればよいのです。

① It won't be long before she shows up.

意味 間もなく彼女は来るでしょう。
なるほどポイント！ It won't be long before は、It will not be long before をより会話調に言ったものです。before she shows up の部分は時を表す副詞節なので、未来の事項でも現在時制で表します。

② It won't be long before the two companies merge.

意味 間もなくその2つの企業は合併するでしょう。
なるほどポイント！ 〈It won't be long before 〜〉は、日常生活だけでなく、ビジネス、その他何にでも使える便利な表現パターンなので、どんどん使ってみましょう。

③ It won't be long before the leaves turn red and yellow.

意味 間もなく紅葉になるでしょう。
なるほどポイント！ 秋の紅葉だけでなく、桜の開花についても同じように表現できますか。「間もなく桜が開花するでしょう」であれば、It won't be long before the cherry blossoms bloom. と言えますね。

ボキャブラリー

ミニ会話 □ give up the idea of 〜　〜を断念する、あきらめる
例文1 □ show up　現れる、姿を見せる（= turn up）
例文2 □ merge 動　合併する

パターン 12　まもなく〜でしょう

パターン13 もう〜し終わっていました / ずっと〜していました / 〜したことがありました

と言いたいときはコレ▶ 主語 ＋ had ＋ 過去分詞

なるほど！ こう考えればカンタンに使える

過去完了 had ＋ 過去分詞 は主に、

①**過去のある時までの動作・出来事の完了・結果**:「（その時）〜したところだった /（その時）もう〜してしまっていた」
②**過去のある時までの動作・状態の継続**:「（その時まで）ずっと〜していた」
③**過去のある時までの経験**:「（その時までに）〜したことがあった」
などの意味を表します。

①完了・結果
I **had finished** lunch then.（私はその時昼食を終えていました）

②継続
She **had lived** in Rome for five years by then.（彼女はその時までに、もう5年間ローマに住んでいました）

③経験
I **had read** the book before.（私は以前にその本を読んだことがありました）

すぐにチェック！ ミニ会話

W: **How did you recognize the man so quickly?**
M: **Because I had seen him a couple of times before.**

女: その男性が誰か、どうして、そんなにすぐにわかったの？
男: 以前に2、3回彼に会ったことが会ったからだよ。

I had seen him 〜は、過去完了の「経験」を表す文です。過去の基準時（＝その男性が誰かすぐにわかった時）よりも前に彼に会っていたから、過去完了を使うわけですね。

使える！ 最も使える３例文

① When I arrived at the station, the train had already left.

意味▶ 私が駅に着いた時には、列車はすでに出ていました。
なるほどポイント！▶ 過去完了の「完了」を表す文です。When I arrived at the station の部分が過去の基準時を示しています。もちろん、この部分を後に置いて、The train had already left when I arrived at the station. と言っても OK です。

② The Smith family had been in Indonesia for over ten years when the earthquake struck.

意味▶ スミスさん一家はその地震が起きた時、すでに10年以上もインドネシアに住んでいました。
なるほどポイント！▶ 過去完了の「継続」を表す文です。when the earthquake struck の部分が過去の基準時を示しています。The Smith family の代わりに The Smiths と、struck の代わりに occurred と言うことも可能です。

③ I had visited Canada twice before I entered college.

意味▶ 大学に入るまでに、私はカナダを2度訪れたことがありました。
なるほどポイント！▶ 過去完了の「経験」を表す文です。before I entered college の部分が過去の基準時を示しています。さらに、現在完了の「経験」と同じく、経験の回数を表す twice（2度）や once（1度）などは、過去完了の「経験」を表す文の中で頻繁に用いられます。

パターン 13 もう〜し終わっていました／ずっと〜していました／〜したことがありました

パターン14 〜はありません / 〜はいません

と言いたいときはコレ ▶ There is + 否定語

なるほど！こう考えればカンタンに使える

「〜がある / 〜がいる」の**「存在」**の意味を表す **There 構文**に**否定語**を用いるパターンです。否定の代名詞や名詞語句で打ち消すことで強い否定を表し、**「〜はない / 〜はいない」**の意味となります。

このパターンでよく用いられる否定語としては、**nothing** をはじめ、**nobody, no one, no 〜**などがあります。

There is nothing else to do.
（他にすることはありません）

There is nobody [no one] to help me.
（私を助けてくれる人は誰もいません）

There was no choice.
（選択の余地はありませんでした ⇒ 仕方ありませんでした）

There の後の時制をいろいろと変化させて練習すると、さらに会話の幅が広がりますよ。

すぐにチェック！ミニ会話

M: **It's great to be back home.**
W: **There is no place like home, right?**

男：家に戻ることができてうれしいよ。
女：我が家に勝る所なし、でしょ？

There is no place like home.（我が家に勝る所なし）はイギリス民謡の HOME, SWEET HOME（埴生の宿）の一節がことわざになったものです。この歌は映画「ビルマの竪琴」で感動的なシーンとして使われました。

最も使える3例文

① There is nothing you can do.

意味▶ どうにもなりませんよ。
なるほどポイント！▶ この文は「あなたにできることは何もありません ⇒ どうにもなりません」という意味です。about that を付けて、There is nothing you can do about that.（それについては、もう何もできませんよ）と言うこともあります。

② There is no one here by that name.

意味▶ そのような名前の者はここにはおりませんが。
なるほどポイント！▶ 電話の会話でよく使うフレーズです。一部語順を代えて、There is no one by that name here. と言っても OK です。no one = nobody ですから、There is nobody here by that name. と言うこともできます。

③ There is no need to worry.

意味▶ 心配ご無用です。
なるほどポイント！▶ There is no need to hurry.（慌てる必要はありません）や There is no need to hesitate.（遠慮しなくていいんですよ）も同じ形です。〈no ＋名詞＋to 不定詞〉を使った There is no way to do ～（～する方法はない）や There is no reason to do ～（～する理由はない）も重要です。

パターン 14 ～はありません / ～はいません

パターン 15 〜のようです / 〜が起こりました / 〜が残っています

と言いたいときはコレ → There + 動詞 + 主語

なるほど！ こう考えればカンタンに使える

There 構文には、**be 動詞以外の自動詞**が使われることもあります。語順は There + 動詞 + 主語 ですが、このパターンで使われる動詞は**「存在 / 往来 / 出現 / 発生」**などの意味を表す一部の自動詞に限られます。動詞の時制には、現在・過去・未来のすべてが可能です。

> seem（思われる）、appear（見える）、exist（存在する）、remain（〜のままだ）、live（住む）、come（来る）、go（行く）、arrive（到着する）、happen（起こる）、occur（起こる）、arise（生じる）、result（結果になる）、follow（続く）など

例：**There exists** another problem.（もう一つの問題があります）

すぐにチェック！ ミニ会話

M : I never imagined this would happen.
W : **There seems** to have been some misunderstanding.

男：まさかこんなことになるとは思わなかったよ。
女：何か行き違いがあったみたいね。

There に続く動詞が seems になっているのは、意味上の主語である some misunderstanding が単数扱いだからです。また、行き違いはすでに起きたことなので、seems の後には完了不定詞が使われています。

使える！最も使える3例文

① Once upon a time there lived a very brave king.

意味 昔々、大変勇敢な王様がいました。
なるほどポイント！ これは日常会話では使わない文かもしれませんが、それでも英語で昔話を読む時、聞く時には必ず登場する重要表現なので、ぜひ覚えておいてください。皆さん自身が、昔話を創作する時にも使える表現ですよ。

② There occurred a big earthquake in Chile.

意味 チリで大地震が発生しました。
なるほどポイント！ 〈There occurred ～〉のパターンを使えば、There occurred a fire last night.（昨夜火事が起こりました）や There occurred an accident at the corner.（そこの角で事故が起きました）も言えますね。

③ There still remains much work to do.

意味 やらなければならない仕事がまだたくさん残っています。
なるほどポイント！ 〈There remain(s) ～〉のパターンを使えば、There remains one more problem.（もう一つの問題が残っています）や There still remain many problems.（多くの問題がまだ残っています）も言えますね。

― ボキャブラリー ―

ミニ会話 □ misunderstanding 名 誤解

パターン 15 ～のようです / ～が起こりました / ～が残っています

パターン 16 何も［誰も］〜しません

と言いたいときはコレ ▶ Nothing [Nobody] ＋ 動詞

なるほど！ こう考えればカンタンに使える

　代名詞の **Nothing**（**何も〜ない**）と **Nobody**（**誰も〜ない**）を主語にした文の練習です。その後には、**be動詞**または**一般動詞**が続きます。例：**Nothing is going to change.**（何も変わりませんよ）、**Nobody knows where he is.**（彼が今どこにいるのか誰も知りません）

　Nothing と **Nobody** が主語に置かれると**単数扱い**になるので、後の動詞の形に注意が必要です。もちろん、動詞の部分に助動詞が来る場合は、**Nothing can stop them now.**（今や彼らを止めることはできません）のようになります。**Nothing** と **Nobody** を主語にした文は、比較表現と一緒に使うことも多いので、しっかりと練習しておきましょう。

すぐにチェック！ ミニ会話

Ⓜ：**Do you think I can become a lawyer?**
Ⓦ：**Yes. Nothing is impossible.**

男：僕が弁護士になれると思う？
女：ええ。何事も不可能ではないわ。

if 節を付けて、Nothing is impossible if you put your mind to it.（やる気になればできないことはありません）のように言うこともあります。Nothing is impossible with God.（神にできないことは何一つありません）も有名な聖句の一つです。

使える！ 最も使える3例文

① Nothing is more important than family.

意味▶ 家族より大切なものはありません。
なるほどポイント！▶ この文を応用すれば、Nothing is more valuable than your health.（健康より価値あるものはありません ⇒ 健康が第一です）や Nothing is more precious than time.（時間より貴重なものはありません）も言えますね。原級を使って、Nothing is as important as family. と言っても OK です。

② Nobody is allowed to touch this.

意味▶ 誰もこれに触れてはいけません。
なるほどポイント！▶ 直訳すると「誰もこれに触れることを許されていません」の意味です。〈Nobody is allowed to do ～〉は禁止事項に言及する表現で、Nobody is allowed to enter this area.（このエリアは立ち入り禁止です）のように使います。Nobody の部分は、No one に代えても OK です。

③ Nothing could be further from the truth.

意味▶ まったくの見当違いです。
なるほどポイント！▶ これは日常会話でよく使われる決まり文句です。the truth の後に than this（または than that）を補って「これ（それ）よりも真理から遠いものは何もないだろう」と考えると「まったくの見当違いです / この上ない誤解です」の意味であることがはっきりと理解できるでしょう。

パターン 16 何も［誰も］～しません

パターン 17 〜に違いありません

と言いたいときはコレ ▶ 主語 ＋must be [*do*] 〜

なるほど！ こう考えればカンタンに使える

〈基本カンタン編〉の パターン 32 では、助動詞 must の**「義務・必要・命令」**（〜しなければならない）について学びました。ここでは、must が持つもう一つの意味、**「強い推定」**（〜に違いない）についてマスターします。話し手が「〜に違いない」と強い確信を表す場合に使う用法です。

この意味で must が使われる場合、主語 ＋must の後には動詞の原形（*do*）よりも be の方がより頻繁に使われますが、どちらにも慣れておくことが大切です。例：**He must be Karen's brother.**（彼はカレンのお兄さんに違いありません）、**She must know where Bob is.**（彼女はボブの居所を知っているに違いありません）

すぐにチェック！ ミニ会話

M: Did you hear Alex was accepted to both Harvard and Princeton?

W: What? You must be kidding!

男：アレックスがハーバードとプリンストンのどちらにも合格したってこと聞いた？
女：えっ？冗談でしょ？

You must be kidding! は「あなたは冗談を言っているに違いない ⇒ 冗談でしょ？」の意味の決まり文句です。アメリカ英語では have to（＝ have got to）も「〜に違いない」の意味を表すので、You've got to be kidding. とも言います。

使える！ 最も使える3例文

① It must be hard for the manager to deal with those workers.

意味 マネージャーにとって、そんな従業員たちを扱うのは大変に違いありません。

なるほどポイント！ It is ～は、100%はっきりと言い切る断定文です。しかし、100%は断定できなくても must を使って、It must be ～と言えば、状況から推定して「～に違いない」という必然性を表す言い方になります。It must be ～の後にいろんな形容詞を入れて、練習してみてください。

② He must be hiding something from us.

意味 彼は私たちに何か隠しているに違いありません。

なるほどポイント！ この文は「きっと彼は何かを隠しているんだろう ⇒ あやしいぞ」という意味です。must の後が〈be+doing〉の進行形になっている例です。She must be studying in the library now.（彼女は今図書館で勉強をしているに違いありません）も同じ用法です。

③ You must be a fast worker to have achieved so much in such a short time.

意味 そんな短時間にそれほど多くをやり遂げるなんて、あなたは仕事が早い人に違いありません。

なるほどポイント！ to have achieved のように、〈to have＋過去分詞〉の形を用いることで、文の述語動詞の示す時よりも以前の時であることを表すことができます。〈must be ～〉の後に〈to have＋過去分詞〉を使うケースはよくあるので、マスターしておきましょう。

パターン 17 ～に違いありません

パターン 18 〜のはずがありません

と言いたいときはコレ → **主語**＋can't be [*do*] 〜

なるほど！ こう考えればカンタンに使える

パターン 17 の must（〜に違いない）の否定形がこの **can't [cannot]**（〜のはずがない）です。この **can't** は**確信の強い否定の推量**を表します。

次の 2 つの文を比較すれば、違いがはっきりと理解できます。
① **This story must be true.**（この話は本当に違いありません）
② **This story can't be true.**（この話は本当であるはずがありません）

この **can't** の後には **be** だけでなく、動詞の原形が来ることもありますが、**be** の使用頻度の方がずっと高いです。例：**She can't know anything about it.**（彼女がそのことを知っているはずがありません）

なお、**can't** を過去形の **couldn't** にすれば、過去の事柄に言及できます。

すぐにチェック！ ミニ会話

Ⓜ：**I'm hungry, mommy.**
Ⓦ：**You can't be hungry. You've just had dinner.**

男：お腹がすいたよ、ママ。
女：お腹がすいているはずはないわ。夕食を食べたばかりじゃない。

> お母さんの言った You can't be hungry. はもっと簡単に You can't be. と言うことも可能です。「（お腹がすいているなんて）そんなはずはないわ」と意味で、You can't be serious. と言ってもよいでしょう。

使える！最も使える3例文

① This can't be the right road.

意味 これが正しい道順であるはずがありません。
なるほどポイント！ 「これはどう考えてみてもおかしいな！」と思った時には、〈This can't be the right＋名詞〉のパターンが便利です。This can't be の後に、the right answer（正しい答え）や the right way（正しい方法 / 正しい道）や the right address（正しい住所）などを置けばよいわけです。

② Chad can't be working at this hour.

意味 チャドがこんな時間に仕事をしているはずがありません。
なるほどポイント！ いつも一番に退社するチャドが、夜の8時までオフィスで頑張っているはずはありません。そこで、Do you think Chad is still in his office? と聞かれた場合には、このようにコメントできますよね。この文では can't の後が〈be＋*doing*〉の進行形になっています。

③ Things couldn't be better.

意味 万事順調です。
なるほどポイント！ 仮定法表現なので、形は過去（couldn't）ですが、現在のことに言及しています。Things couldn't be better. は「状況はこれ以上よくなるはずがない（よくなることはあり得ない）⇒ 万事順調です / 最高です」の意味です。Couldn't be better. や It couldn't be better. と言うこともあります。

パターン 18　〜のはずがありません

パターン19 〜のはずです

と言いたいときはコレ → 主語 ＋ should be [*do*] 〜

なるほど！ こう考えればカンタンに使える

〈基本カンタン編〉の **パターン33** では、助動詞 should の**「義務・必要」**（〜すべきだ / 〜する方がいい）について学びました。ここでは、should が持つもう一つの意味、**「推定」（〜のはずだ）**についてマスターします。

この意味で should が使われる場合、主語 ＋ should の後には be と**動詞の原形**の両方がよく使われます。

be の場合
They should be here by seven o'clock.
（彼らは7時までにはここに来るはずです）

動詞の原形の場合
It should stop raining this afternoon.
（午後には雨が上がるはずです）

否定形
There shouldn't be a problem. （何も問題はないはずです）
※否定の shouldn't は can't よりも弱い意味を表します。

すぐにチェック！ ミニ会話

W : **What does the map say?**
M : **This should be the right way to Harrington Hotel.**

女：地図にはどう出てるの？
男：ハリントンホテルへはこの道で合っているはずだ。

この場合の should は「〜のはずだ / きっと〜だ」という意味の「推量・見込み」を表します。話し手の確信度は must より低く、may より高いことを覚えておきましょう。

使える！最も使える3例文

① There should be some eggs in the fridge.

意味▶ 冷蔵庫に卵がいくつかあるはずです。
なるほどポイント！▶ 主語に There を持ってきた例です。should の前の主語は全人称で使えますし、時には There や It が来ることもあります。会話の中でとても頻繁に使われる助動詞 should ですから、しっかりとマスターしてくださいね。

② You should be able to tell what Frank is like sooner or later.

意味▶ あなたはフランクがどういう人間か、いずれわかるはずです。
なるほどポイント！▶ should の直後に「可能」を表す助動詞 can を置くことはできない、つまり助動詞を2つ続けることはできないので、その代わりに be able to を使って、〈should be able to do ～〉としているわけですね。

③ It shouldn't take more than ten minutes to get there.

意味▶ そこに行くには10分もかからないはずです。
なるほどポイント！▶ should を否定の shouldn't にした例です。この文は「そこに着くのに10分以上かかるはずはありません ⇒ そこに行くには10分もかからないはずです」の意味です。同じことを、It should take less than ten minutes to get there. と言うことも可能です。

ボキャブラリー

例文1 □ fridge 名 冷蔵庫（= refrigerator の短縮形）
例文2 □ sooner or later 遅かれ早かれ、いつかは

パターン 19 ～のはずです

パターン 20 ～すべきです / ～のはずです

と言いたいときはコレ 主語 + ought to be [*do*] ～

なるほど！ こう考えればカンタンに使える

ought to は**助動詞**なので、直後に**動詞の原形**が来ます。主に、**義務（～すべきだ）** と **確実性（～のはずだ）** の2つの意味があります。

①「～すべきだ」（義務・忠告・助言）

You ought to be more respectful to your parents.
（あなたはもっと両親を敬うべきです）

You ought to make good use of this opportunity.
（この機会を十分に利用した方がいいですよ）

※ must よりも意味が弱く、should より強いイメージです。

②「～のはずだ」（推量・見込み）

She ought to be back soon.
（彼女はすぐに戻ってくるはずです）

※ must ほど断定的ではありませんが、should よりも確信度がやや強いイメージです。

すぐにチェック！ ミニ会話

W: I think you ought to stop gambling.
M: I know. But I just can't.

女：ギャンブルはやめた方がいいと思うわよ。
男：わかってるさ。でも、やめられないんだ。

You ought to *do* ～は忠告や助言に使えるわけですが、もっと語調を和らげたい場合には、文頭に I think を添えると効果的です。なお、ought to はくだけて発音されると [ɔ́(:)tə] のようになることもあります。

使える！ 最も使える3例文

① We ought to express our opinion more clearly to our boss.

意味▶ 私たちは上司に自分の意見をもっとはっきり言うべきです。
なるほどポイント！▶ 「義務」を表す ought to の例です。ought to の前の主語が We になっています。皆さんも〈ought to *do* ～〉のパターンを使って、主語をいろいろ変化させて練習してみてください。

② You ought not to dwell on it any more.

意味▶ そのことでこれ以上悩むべきではないよ。
なるほどポイント！▶ 「助言」を表す ought to の例です。ought to の否定形は、ought not to（くだけて oughtn't）となります。もちろん、実際の会話では、should not を使って、You shouldn't dwell on it any more. と言う方が多いです。

③ If Sally left home at ten, she ought to be here any minute now.

意味▶ サリーが10時に家を出たのであれば、もう今にもこちらに着くはずです。
なるほどポイント！▶ 「～のはずだ / きっと～だ」という「推量・見込み」を表す例です。ought to の代わりに、should を使ってもほぼ同じ意味を表します。

ボキャブラリー

例文1 □ express *one's* opinion　意見を述べる
例文2 □ dwell on ～　～のことをくよくよ悩む
例文3 □ any minute　今すぐにでも（＝ any moment）

パターン 20　～すべきです / ～のはずです

パターン21 〜かもしれません

と言いたいときはコレ → 主語 + might be [do] 〜

なるほど！ こう考えればカンタンに使える

〈基本カンタン編〉の **パターン32** で、助動詞 **may** について学びました。**might** は形の上では **may** の過去形ですが、過去の「推量・可能性」ではなく、**現在の「推量・可能性」**を表し、**「(ひょっとすると)〜かもしれない」**の意味で使われます。例：**My husband might be late coming home tonight.**（今夜、主人は帰宅が遅くなるかもしれません）

一般的には、**might** は **may** よりも**やや可能性の低い推量を表す**と言われています。しかし、**実際の会話の中ではどちらもほとんど同じ意味で使われており**、特にアメリカにおいては、「推量・可能性」の意味では、**may** よりも **might** を使う人の方が多いです。

すぐにチェック！ ミニ会話

W : **I wonder what Dad is doing now.**
M : **He might be reading in his study.**

女：お父さんは今何してるんだろう。
男：書斎で読書をしているのかもしれないよ。

> このように might は、形は過去形でも意味は現在の「推量」を表すわけですね。

使える！最も使える3例文

① That kid might become a professional baseball player when he grows up.

意味 その子は大きくなったら、プロ野球選手になるかもしれないね。
なるほどポイント！ 将来の「可能性」について述べている文です。It is ... that 〜構文を使って、It is possible (that) that kid will become a professional baseball player when he grows up. と言い換えることもできます。

② There might be some truth to what she says.

意味 彼女の言うことにも一理あるかもしれません。
なるほどポイント！ 「〜には一理ある」は、There is some truth [sense, reason] to [in] 〜と表現します。しかし、断定を避けて「〜かもしれません」という可能性を示唆したい場合には、might を使って、There might be some truth to [in] 〜と表現すればよいのです。

③ You might have a hard time reaching me while I'm on my business trip in Brussels.

意味 ブリュッセルに出張中は、なかなかつかまりにくいかもしれません。
なるほどポイント！ 「推量」を表す文ですね。have a hard [difficult] time (in) doing〜は「〜するのに苦しむ/苦労する ⇒ なかなか〜できない」の意味の重要表現なので、すぐに使えるようにしておきましょう。通常 in は省略されます。

ボキャブラリー

ミニ会話 □ study 名 書斎
例文3 □ Brussels 名 ブリュッセル（ベルギー王国の首都）

パターン21 〜かもしれません

パターン22 ～したに違いありません / ～すべきでした / ～したかもしれません / ～したでしょう

と言いたいときはコレ → 主語＋must / should / could / would＋have＋過去分詞

なるほど！ こう考えればカンタンに使える

助動詞＋have＋過去分詞 は、過去の事柄に対して発話時における話し手の判断を表します。この形は、①過去のことに関する「**推量**」と②過去の行為に対する「**非難・後悔**」の 2 つの意味を表します。

この形で使われる助動詞には **must, should / ought to, can / could, may / might, will / would** などたくさんあります。ここでは特によく使われる 4 つの助動詞（**must, should, could, would**）に絞って練習します。

例：**I must have dropped my wallet somewhere.**（財布をどこかに落としたに違いありません）

なお、会話の中では 助動詞 ＋have の部分はつながって **1 つの語**のように発音されます。

すぐにチェック！ ミニ会話

M: **My motorcycle tipped over while I was riding it, and I scraped my knee.**

W: **I'm glad it wasn't a big accident. It could have been much worse.**

男：オートバイに乗っていて転倒して、膝を擦りむいたよ。
女：大事故でなくてよかったわ。不幸中の幸いよ。

It could have been (much) worse. は「もっとひどいことになっていたかもしれない ⇒ 不幸中の幸いだ / それぐらいで済んでよかった」の意味です。〈could have＋過去分詞〉には「～することもできたのに」の意味もあります。

使える！ 最も使える３例文

① He must have been astounded when he heard the news.

意味▶ 彼はその知らせを聞いた時、唖然としたに違いありません。
なるほどポイント！▶ must have は must've［マスタヴ］と発音されます。〈must have＋過去分詞〉は「～したに違いない」の他、場合によっては「きっと～だっただろう」と訳してもよいでしょう。例：It must have been hard for you.（さぞかし辛かったことでしょう：相手に同情を示す決まり文句）

② I should have followed his advice.

意味▶ 彼のアドバイスを聞いておけばよかったです。
なるほどポイント！▶ should have は should've［シュダヴ］と発音されます。この文の〈should have＋過去分詞〉は「～すべきであったのに（実際にはそうしなかった）」の意味です。なお、He should have arrived there by now.（彼はもうそこに到着しているはずです）は「～したはずだ」の意味で使われる例です。

③ Anyone would have done that.

意味▶ 誰だってそうしたでしょう。
なるほどポイント！▶ would have は would've［ウダヴ］と発音されます。〈would have＋過去分詞〉は「～したでしょう」（過去の事柄についての推量）を表します。Anyone would have thought that.（誰でもそう思ったでしょう）や Anyone would have noticed it.（誰でもそれに気づいたでしょう）も同じ形ですね。

────── ボキャブラリー ──────

ミニ会話 □ tip over　転倒する
ミニ会話 □ scrape　動　～を擦りむく

パターン22　～したに違いありません／～すべきでした／～したかもしれません／～したでしょう

パターン23 以前はよく〜したものです / 以前は〜でした

と言いたいときはコレ▶ 主語 + used to do 〜

なるほど！ こう考えればカンタンに使える

used to は2語からなる**助動詞**で、[júːstə] と発音されます。**「過去の規則的な習慣・状態」**を表すのに用いられ、現在と対比することで、今はそのような習慣と状態がないことを強調します。会話の中における疑問文・否定文では、本動詞として使われるのが普通です。

①「以前はよく〜したものだ」(過去の習慣的な動作)

I **used to play** golf a lot.　(以前はよくゴルフをしたものです)

②「以前は〜だった」(過去の継続的な状態)

There **used to be** a church on the hill.　(以前あの丘の上には教会がありました)
He isn't what he **used to be**.　(彼は以前の彼ではありません)

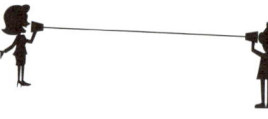

すぐにチェック！ ミニ会話

W: **Do you play rugby, Fred?**
M: **I used to, but not anymore.**

女: フレッド、ラグビーをしているの?
男: 以前はやっていたけど、今はもうやってないよ。

> I used to の後には、play rugby が省略されています。「今はやっていないけど、大学時代にはやっていたよ」であれば、Not anymore, but I used to when I was in college. と言えばいいですね。

使える！ 最も使える3例文

① You used to wear glasses, didn't you?

意味 以前はメガネをかけていたよね？
なるほどポイント！ 付加疑問文にする場合には、肯定文の中の used to を本動詞の過去形と見なすので、didn't you? となります。さらに、used to を使った否定文 You didn't use to wear glasses.）と疑問文（Did you use to wear glasses?）の形にも慣れておきましょう。

② He used to read all sorts of weekly magazines.

意味 彼は以前、あらゆる種類の週刊誌を読んだものでした。
なるほどポイント！ used to と would はどちらも過去の習慣を表しますが、used to が過去と現在を対比するのに対して、would は主に過去の個人的な回想をするために用いられます。さらに、used to が動作・状態を表す動詞と結びつくのに対し、would は動作を表す動詞とだけ結びつきます。

③ There used to be a jewelry store on the corner of 5th Avenue and Franklin Street.

意味 以前、5番街とフランクリン通りの角には宝石店がありました。
なるほどポイント！ この文では「かつてはそこに宝石店があったが、今はない」という状態を表すために、used to が使われているわけですね。この意味では、would は使えないことを覚えておいて下さい。なお、この文を疑問文にする場合には、Did there use to be a jewelry store ～? となります。

ボキャブラリー

例文3 □ jewelry store　宝石店

パターン 23　以前はよく～したものです / 以前は～でした

パターン24 〜に慣れています

と言いたいときはコレ▶ 主語 + be動詞 + used to 〜

なるほど！ こう考えればカンタンに使える

パターン23 で扱った used to は**助動詞**でしたので、直後には**動詞の原形**が来ました。しかし、*be used to* の **used** [júːst] は形容詞で、**to** は前置詞なので、**to** の後には**名詞**や**動名詞**が続きます。多くの人がこの２つの違いに混同しているようですので、しっかりと違いを確認した上でマスターしましょう。例：**I used to get up early.**（以前私は早起きしていたものです）、**I'm used to getting up early.**（私は早起きに慣れています）

be used to 〜（〜に慣れている）は、*be* accustomed to 〜（少し堅い表現）と同じ意味を表します。

すぐにチェック！ ミニ会話

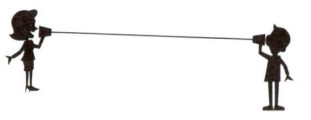

W : Do you sometimes miss your family?
M : Yeah, sometimes. But I'm used to it.

女：家族がいなくて時に寂しく思うことある？
男：うん、時にはね。でももう慣れちゃったよ。

疑問文の Are you used to it?（もうそれには慣れていますか）と否定文の I'm not used to it.（まだそれには慣れていません）も使えるようにしておきましょう。

使える！ 最も使える3例文

① I'm not used to speaking in public.

意味 ▶ 私は人前で話すのに慣れていません。
なるほどポイント！ ▶ speaking in public の代わりに、speaking in front of people と言ってもOKです。人前で話すのがうまい人ならば、堂々と I'm used to speaking in public. と言えるでしょう。

② They are used to the Japanese way of doing things.

意味 ▶ 彼らは日本式のやり方に慣れています。
なるほどポイント！ ▶ この文では、〈are used to〉の直後に名詞句が続いています。この形容詞 used は、動詞 use の過去分詞 used [ju:zd] とも混同しないように注意しましょう。**例**：This software was used to analyze the data.（このソフトウェアがそのデータ分析に使われました）

③ Have you gotten used to driving on the left side of the road?

意味 ▶ 左側通行の運転には慣れましたか。
なるほどポイント！ ▶ 日本在住の外国人に対して、左車線の運転に慣れたかどうかを聞く質問です。be と get の比較から推測できると思いますが、be used to 〜が「すでに慣れている状態」を表す表現であるのに対し、get used to 〜は「(不慣れな状態から) 〜に慣れる」という変化を意味します。

ボキャブラリー

例文1 □ in public 人前で

パターン24 〜に慣れています

実力UP！すごーく伝わる36パターン

パターン25 BをするよりむしろAをしたいです

と言いたいときはコレ ▶ I'd rather A than B

なるほど！ こう考えればカンタンに使える

would rather＋動詞の原形 で「むしろ〜したい」の意味を表します。それに than が続き、would rather A than B の形になると**「BをするよりむしろAをしたい／BするくらいならAしたい」**の意味となります。AとBには、それぞれ動詞の原形が入ります。

I'd rather stay home than go out today. （今日は外出するよりも家にいたいです）	**I'd rather die than apologize to him.** （彼に謝るくらいなら死んだ方がましです）

会話の中では、**I would rather** は通常、**I'd rather** と短縮されます。また、**rather** の代わりに **sooner** を使って、**I'd sooner** が使われることもあります。さらに、AとBの部分に動詞の完了形が入ることもあります。

すぐにチェック！ ミニ会話

Ⓜ : **Don't worry about the lie you told Jane.**
Ⓦ : **I'd rather have said nothing than have told a lie.**

男：ジェーンについてしまった嘘のことは心配するなよ。
女：嘘をつくよりは、むしろ何も言いたくなかったんだけどね。

〈would rather A than B〉のAとBの部分に〈have＋過去分詞〉が入った例です。これは「BよりもAをしたかったのだが」という意味で、過去に実現しなかったことに対する後悔を表します。

使える！最も使える3例文

① I'd rather walk to the station than take the bus.

意味▶ 駅に行くのにバスに乗るよりは、むしろ歩きたいです。
なるほどポイント！▶ 口語では I'd sooner walk 〜と言うこともあります。さらに、ネイティブの中には I'd rather を I would rather ではなく、I had rather と解釈して、I had rather walk 〜と言う人までいます。しかし、それはあまりにもくずれた英語で誤用とも言える例ですので、お勧めできません。

② I'd rather play video games at home than play outside.

意味▶ 外で遊ぶよりも、家でテレビゲームをしたいです。
なるほどポイント！▶ 現代っ子の言いそうなセリフですね。この文を応用すれば、Many children today would rather play video games at home than play outside.（今日では多くの子供が外で遊ぶよりも家でテレビゲームをしたいと思っています）とも言えます。

③ I'd rather starve than work under him.

意味▶ 彼の下で働くぐらいなら、飢え死にする方がましです。
なるほどポイント！▶ I'd rather starve は、I'd rather die 同様に、大袈裟な誇張表現と言えます。A の部分に die（死ぬ）、starve（餓死する）、kill myself（自殺する）、hang myself（首をつる）など「死」に関連する動詞を置くことで、それと比較して B はさらに悪いことだと誇張しているわけです。

パターン25 B をするよりむしろ A をしたいです

パターン26 よくもずうずうしく～するものだね

と言いたいときはコレ How dare ＋ 主語 ＋ 動詞 ～？

なるほど！ こう考えればカンタンに使える

How dare ＋ 主語 ＋ 動詞 ～? は**憤り・非難・不快感**を表す慣用表現で、**「よくもずうずうしく（ぬけぬけと）～するものだね」**の意味を表します。**dare** は**助動詞**として使われています。文末の疑問符 **(?)** は状況によって、感嘆符 **(!)** になることもあります。主語に **you** を入れることで、目の前の人に向かって **How dare you ～?** の形で最もよく使われます。例：**How dare you say that?**（よくもそんなことが言えるね）

How dare you! だけであれば**「よくもそんなことを！／信じられない！／何を考えているんだ！」**の意味を表し、相手を強く非難する時に使います。

すぐにチェック！ ミニ会話

M：How dare Ron complain about that?
W：What is he thinking?

男：よくもロンはそのことでとやかく言えるもんだね。
女：何考えているんでしょ？

> How dare の後に you 以外の主語として Ron が使われています。この文では dare が助動詞なので、Ron の後の動詞は原形ということで、complains ではなく、complain となっているわけです。

使える！最も使える3例文

① How dare you say such a thing?

意味 よくもまあそんなことが言えるもんだね。
なるほどポイント！ How dare you say such a thing? は「よくもまあそんなことが言えるもんだね / どうしてそんなことが言えるんだ？」の意味です。dare を使うと語気がかなり強まりますから、How can you say such a thing? などよりもずっと強い口調になります。

② How dare you speak to me like that?

意味 よくも私にそんな言い方ができるね。
なるほどポイント！ 相手の口の利き方に憤慨や非難を表す言い方です。How dare you speak to me like that? は「よくも私にそんな言い方ができるね / 私に向かって何て口の利き方だ」の意味です。speak の代わりに talk を使って、How dare you talk to me like that? と言っても OK です。

③ How dare he come back after what he did?

意味 あんなことをしでかした後で、よくもあいつはここに戻って来たもんだ。
なるほどポイント！ How dare の後に you 以外の主語を使った例です。after what he did は「彼がやってしまったことの後で ⇒ あんなことをしでかした後で」くらいの意味です。

パターン26 よくもずうずうしく〜するものだね

パターン27 もしも〜しなければ / 〜でない限り

と言いたいときはコレ ▶ Unless 〜

なるほど！ こう考えればカンタンに使える

unless は**「もしも〜しなければ / 〜でない限り」**の意味の**接続詞**です。**unless** の後には、主節の内容を成立させなくさせる「唯一の例外条件」が続きます。新約聖書(ヨハネによる福音書3：3)の中の **Unless one is born again, he cannot see the kingdom of God.**（人は、新しく生まれなければ、神の国を見ることはできません）という非常に有名な聖句の中にも、接続詞 **unless** が使われています。

unless = if ... not と覚えている人が案外多いようですが、実際には、**unless** 以下が否定の場合をはじめ、使い方や意味（ニュアンス）が異なる場合が多く、**if ... not** で言い換えられないケースは多々あることを覚えておいてください。

すぐにチェック！ ミニ会話

W : Are you going fishing at the lake this afternoon?
M : Yes, unless it rains.

女：今日は午後、湖へ釣りに行くの？
男：うん、雨が降らなければね。

> 男性の発言をもっと詳しく述べるならば、Yes, I'm going fishing at the lake this afternoon but I won't go if it rains. という感じになりますね。

使える！最も使える3例文

① Unless a miracle happens, he won't be able to live much longer.

意味 奇跡でも起こらない限り、彼はもう長くは生きられないでしょう。
なるほどポイント！ 接続詞 unless は、この文のように文頭に置いても、あるいは文末に置いても OK です。よって、He won't be able to live much longer unless a miracle happens. と言うこともできます。

② You can't enter the building unless you've got a valid photo ID.

意味 有効な写真付き身分証明書を持っていないと、その建物に入ることはできません。
なるほどポイント！ unless ～の副詞節は、if you haven't got a valid photo ID. と言い換え可能です。このパターンを使えば、You can't go in unless you have a ticket.（チケットがないと中に入れませんよ）もすぐに言えますね。

③ Please don't ask me unless you really don't understand how to use the software.

意味 そのソフトウェアの使い方が本当にわからないのであれば仕方ありませんが、そうでなければ私に質問をしないでください。
なるほどポイント！ この場合は、unless 以下の節が否定形になっているため、if ... not で言い換えることはできません。もしも if ... not で言い換えれば、if you really don't not understand how to use the software. となってしまって、英文として成立しないのです。

ボキャブラリー

例文2 □ valid 形 有効な

パターン27 もしも～しなければ／～でない限り

パターン28 〜しさえすれば / 〜する間は

と言いたいときはコレ→ As [So] long as 〜

なるほど！ こう考えればカンタンに使える

as [so] long as 〜 は3語から成る**接続詞**で、**「〜しさえすれば」** と **「〜する間は」** の2つの意味があります。

①「〜しさえすれば、〜である限り」（条件）: only if 〜で言い換え可能

As long as you come back before ten, you can go out with your friends.
(10時までに帰って来さえすれば、友達と出かけてもいいよ)

②「〜する間は、〜なだけ長く」（時）: while で言い換え可能

I'll never forget her kindness as long as I live.
(生きている間は〈＝生きている限り / 一生涯〉、私は彼女の親切を決して忘れません)

すぐにチェック！ ミニ会話

Ⓜ : **What kind of movie do you want to see?**
Ⓦ : **Any movie will do as long as it isn't horror.**

男：どんな映画が見たいの？
女：ホラーでさえなければ、どんな映画でもいいわよ。

> Any movie will do の do は「間に合う、用が足りる」の意味です。「感傷的でさえなければ」なら、as long as it isn't sentimental と言えばOKですね。

使える！最も使える3例文

① I will lend you some money as long as you promise to pay me back next week.

意味 来週お金を返すと約束さえできれば、少しお金を貸してもいいけどね。
なるほどポイント！ as long as ～の部分は、文頭と文末のどちらに置いても構いません。as long as ～の代わりに、so long as ～を使うこともできますが、使用頻度は as long as ～の方が高いです。

② As long as you keep up the good work, I'm sure you will be successful.

意味 この調子で頑張り続ければ、きっとあなたは成功すると思います。
なるほどポイント！ as long as ～は「条件」や「時」を表す副詞節を導く接続詞なので、as long as 以下は未来のことであっても、現在形が使われるわけです。

③ You're welcome to stay as long as you like.

意味 どうぞゆっくりしていってください。
なるほどポイント！ 訪問者に対して使う決まり文句です。as long as you like は、as long as you want と言っても OK です。なお、as far as ～（～の限りでは）は「範囲・程度」を表す表現なので、違いに要注意です。例：As far as I know（私の知る限りでは）、As far as the eye can see（見渡す限り）

ボキャブラリー

例文2 □ keep up the good work　引き続き頑張る、良い状態を維持する

パターン28　～しさえすれば/～する間は

パターン29 もし〜としたら

と言いたいときはコレ Suppose (that) 〜

なるほど！ こう考えればカンタンに使える

Suppose は純然たる接続詞ではありませんが、実質上 **If** と同じ意味で使われます。**If** 〜よりも**少し堅い表現**です。**Suppose** の後の **that** は通常省略され、主語＋動詞 が続き、**疑問文**となることが多いです。

Suppose の後に続く節には、その確実性が高い場合は**直接法**を、現実にはほぼあり得ない場合は**仮定法**を用います。例：**Suppose he disagrees with us?**（もし彼が我々に反対したらどうする？）、**Suppose you were in my place, what would you do?**（もしあなたが私の立場だったら、どうしますか）

なお、**Suppose** の代わりに、**Supposing** を使うこともありますが、使用頻度は **Suppose** ほど高くありません。

すぐにチェック！ ミニ会話

W : **Suppose it rains** tomorrow, what will you do?
M : **I'll just veg out** at home then.

女：もし明日雨だったら、あなたは何するの？
男：そうなれば、家でのんびりするだけだよ。

> Suppose の後の節に直接法が使われています。この場合は、If it rains tomorrow, what will you do? と同じ意味を表します。

使える！最も使える3例文

① Suppose you fail the bar exam again?

意味 司法試験にまた失敗したらどうしますか。
なるほどポイント！ Suppose の後の節に直接法が使われています。司法試験の合否は誰にも予測ができず、不合格も現実に起こる可能性があるからです。

② Suppose something should go wrong, I would take full responsibility.

意味 もし万一何かまずいことが起きた場合には、私が全責任を負います。
なるほどポイント！ 〈Suppose＋主語＋should＋動詞の原形〉は、〈If＋主語＋should＋動詞の原形〉と同じく「万一〜ならば」という意味を表し、「実現の可能性が低い」と話し手が思っている場合に用います。

③ Suppose you suddenly got laid off, what would you do?

意味 もしも突然一時解雇になったら、あなたはどうしますか。
なるほどポイント！ Suppose の後の節に仮定法過去が使われている例です。Suppose を If にすればよりくだけた会話調になりますし、Supposing にすればより堅い感じになります。

ボキャブラリー

ミニ会話 □ veg out （何もせずに）ぼんやり過ごす
例文2 □ take responsibility　責任を取る
例文3 □ get laid off　一時解雇される

パターン29 もし〜としたら

パターン30 いったん〜すれば

と言いたいときはコレ → **Once 〜**

なるほど！ こう考えればカンタンに使える

once と聞けば「一度」「かつて」の意味しか出てこない日本人学習者は少なくありません。それらは確かに副詞としての once の代表的な意味ですが、once は**接続詞**として使われることもあり、その場合は**「いったん〜すれば」**の意味を表します。例：**Once you understand this rule, you'll have no further difficulty.**（いったんこの規則を理解してしまえば、あとは何も難しいことはありません）

once は「いったん〜を完了したら」というニュアンスの強い接続詞なので、once 以下の節には**現在完了形**もよく用いられます。上の例文と比較してみて下さい。例：**Once you have understood this rule, you'll have no further difficulty.**

すぐにチェック！ ミニ会話

W: **Don't you think this new copier is a bit awkward to use?**

M: **Once you get used to it, it'll be no problem at all.**

女：この新しいコピー機って、ちょっと使い難いと思わない？
男：いったん慣れれば、まったく問題はないよ。

オフィスでの会話です。Once you get used to it は「いったんそれ（it = the new copier）に慣れると」の意味ですね。

使える！最も使える3例文

① Once you start reading this novel, you just can't put it down.

意味 いったんこの小説を読み始めたら、もう途中でやめることができなくなります。

なるほどポイント！ この小説は読み出したらやめられないほど面白いようですね。Once you start reading this novel の従属節は、現在完了形を使って Once you have started reading this novel と言うことも可能です。

② Once you have reached the second traffic light, turn right.

意味 2番目の信号まで行ったら、右に曲がってください。

なるほどポイント！ このように人に道順を教える時やその他の指示をしたりする時にも、once 以下の節には頻繁に現在完了形が使われます。もちろん、once を使わずもっと簡単に、Turn right at the second traffic light. と言ってもいいですよ。

③ Once you have formed a bad habit, it is not easy at all to get rid of it.

意味 悪い癖をいったん身につけてしまうと、それを容易に取り除くことはできない。

なるほどポイント！ この文は、Once a bad habit is formed, it is by no means easy to get rid of. や A bad habit, once formed, cannot easily be gotten rid of. と言い換えることができます。なお、once formed は、once it is formed の副詞節における〈主語＋be動詞〉の省略の例です。

--- **ボキャブラリー** ---

ミニ会話 □ copier 名 コピー機
ミニ会話 □ awkward 形 扱い難い、厄介な
例文1 □ put ～ down ～を置く、下ろす

パターン30 いったん～すれば

パターン31 ～するまでには

と言いたいときはコレ By the time ～

なるほど！ こう考えればカンタンに使える

by the time ～（～するまでには / ～する時までに）は、完了の期限を表す語句で、直後に 主語 + 動詞 が続きます。by the time は3語から成る**従属接続詞**です。

時制に注意して次の例を見てみましょう。

① by the time 以下が現在形、主節が未来進行形の文

I will be traveling in Europe by the time you receive this postcard.
（あなたがこの葉書を受け取る頃には、私はヨーロッパを旅行しているでしょう）

② by the time 以下が過去形、主節が過去完了形の文

By the time I answered the phone, it had stopped ringing.
（電話に出る前に、電話の音が鳴り止みました）

すぐにチェック！ ミニ会話

W : Are you coming back late tonight?
M : Yeah, by the time I get home, you'll be sleeping.

女：今日は帰りが遅いの？
男：うん、僕が帰宅する頃には、君は眠っているだろうね。

夫婦の会話です。by the time ～は「時」を表す副詞節を導く接続詞なので、by the time 以下は未来のことであっても、現在形が使われています。ここでは、主節が未来進行形になっています。

使える！ 最も使える3例文

① By the time you finish college, you should be more independent.

意味▶ 大学を終えるまでに、あなたはもっと自立すべきです。
なるほどポイント！▶ by the time 以下と主節が共に現在形になっている文です。By the time you finish college は、By the time you graduate from college と言い換え可能です。

② By the time Christmas rolls in, the new bridge will have been completed.

意味▶ クリスマスが来るまでに、その新しい橋は完成しているでしょう。
なるほどポイント！▶ by the time 以下は現在形、主節は未来完了形になっています。これを応用すれば、The concert will have ended by the time we get there.（コンサートは我々が到着するまでに終わっているでしょう）もラクに言えますね。

③ The bank robbers had already gotten away by the time the police arrived.

意味▶ 警察が到着するまでに、銀行強盗はすでに逃走していました。
なるほどポイント！▶ by the time 以下は過去形、主節は過去完了形になっています。銀行強盗が逃走したのは、警察がかけつける前だったので、過去完了になっているわけです。

--- ボキャブラリー ---

例文1 ☐ independent 形 自立した
例文2 ☐ roll in やって来る（= set in）
例文3 ☐ bank robber 銀行強盗
例文3 ☐ get away 逃亡する

パターン31 〜するまでには

パターン32 今度〜する時には

と言いたいときはコレ ▶ Next time 〜

なるほど！ こう考えればカンタンに使える

Next time 〜は、「**今度〜する時には / 次に〜する時は**」の意味を表し、**接続詞的**に使われます。例：**Next time I go to Tokyo, I'll take an overnight bus.**（次に東京に行く時は、夜行バスに乗るつもりです）

the を付けて、**the next time 〜**の形で使うこともよくあります。例：**I'll have seen that movie three times the next time I see it.**（もう一度それを見たら、3回その映画を見たことになります）この文では、主節に未来完了形が使われています。そして、**(the) next time** 以下の節は未来のことであっても、現在形が使われていることを確認しておきましょう。

すぐにチェック！ ミニ会話

M：I'm buying you dinner today.
W：Thank you. It's my turn to treat next time we eat out.

男：今日の夕食は僕が払うよ。
女：ありがとう。今度食事する時は、私がごちそうするわね。

> It's my turn to *do* 〜は「〜するのは私の番です」の意味です。この会話での buy と treat は共に「〜におごる」の意味で使われています。

使える！ 最も使える3例文

① Next time you come, be sure to bring along your children.

意味 今度いらっしゃる時には、ぜひお子さんも一緒に連れてきてあげてください。

なるほどポイント！ この場合の Next time you come の you は 2 人称単数と考えてもよいですし、2 人称複数と考えても OK です。〈Be sure to *do* 〜〉は「必ず〜してください/ぜひ〜してください」の意味です。

② Next time you are in Seattle, please let me know in advance.

意味 今度シアトルにお越しの際は、事前にご連絡ください。

なるほどポイント！ Next time you are in Seattle は「あなたが次にシアトルにいる時 ⇒ 今度あなたがシアトルに来る時」と考えれば、わかりやすいでしょう。よって、Next time you come to Seattle と言っても OK です。

③ I will have read this book three times the next time I finish it.

意味 今度それを読み終えれば、3回この本を読んだことになります。

なるほどポイント！ the next time は the を取って、next time でも構いません。「今後もう一度〜すると、…することになる」は、〈I will have ＋過去分詞 ... the next time I 〜〉のパターンで覚えておくと便利ですよ。これは日常会話で頻繁に使われる表現です。

ボキャブラリー

例文1 □ bring along 〜　〜を連れて来る［行く］
例文2 □ in advance　前もって、あらかじめ（＝ beforehand）

パターン32 今度〜する時には

パターン 33 ～する時はいつでも

と言いたいときはコレ Every time ～

なるほど！ こう考えればカンタンに使える

Every time ～は、Each time ～と同じく**「～する時はいつでも / ～する度に」**の意味を表し、**接続詞的**に使われます。

例：**Every time we go camping, it rains.**（私たちがキャンプに行く度に、雨が降ります）この文の **Every time** を **Each time** に変えて、**Each time we go camping, it rains.** と言っても意味は全く同じですが、使用頻度は **Every time** の方が高いです。

Every time ～は、Whenever で言い換えが可能です。

例：**Every time I drop in on him, he is not home.**（私が彼の所へ立ち寄るといつも彼は家にいません）= **Whenever I drop in on him, he is not home.**

すぐにチェック！ ミニ会話

W：**Every time I tell my son to do something, he talks back to me.**

M：**That's a real problem. You've got to do something about it.**

女：うちの息子は私が何かしなさいと言うと、いつも言い返してくるのよ。

男：それは大変な問題だね。何とかしなくちゃいけないよ。

生意気な息子を抱える母親である女性に対して、男性はそんな brat（ガキ）は厳しくしつけなくてはいけないことを案に示唆しているようです。

使える！最も使える3例文

① Every time she comes to see us, she brings a nice gift.

意味 彼女は我が家に遊びに来る度に、素敵なお土産を持って来てくれます。
なるほどポイント！ Whenever を使えば、Whenever she comes to see us, she brings a nice gift. と表現できます。Each time 〜は Whenever よりもより口語的な表現です。

② My house slightly shakes every time a train passes by.

意味 私の家は、電車が通過する度に少し揺れます。
なるほどポイント！ every time 〜を文末に置いた例です。この文は、When a train passes by, my house always slightly shakes. と言い換えることもできます。

③ Every time I listen to that song, it reminds me of the good old days.

意味 その歌を聞くと、いつも私は古き良き昔のことを思い出します。
なるほどポイント！ 少し堅い表現になりますが、never ... without 〜（…すれば必ず〜する）を使えば、I never listen to that song without recalling the good old days. とも言えます。

ボキャブラリー

- **ミニ会話** □ talk back to 〜　〜に口答えする、言い返す
- **例文1** □ come to see 〜　〜の所へ遊びに来る
- **例文2** □ pass by　側を通り過ぎる
- **例文3** □ good old days　懐かしい昔、古き良き時代

パターン 33 〜する時はいつでも

パターン 34 今や〜だから

と言いたいときはコレ ▶ Now (that) 〜

なるほど！ こう考えればカンタンに使える

now that 〜は2語から成る**従属接続詞**で、**「今や〜だから / もう〜なので」**の意味を表します。現在の状況をある事柄の原因の一つと見ているわけです。よって、**「時間＋理由」を表す副詞節**を作ると覚えておくとよいでしょう。くだけた会話の中では that を省略することもあります。

2つの例文で確認しておきましょう。

① not that 〜を文頭に置いた例
Now (that) you are an adult, you should do it yourself.
（もうあなたは大人なのだから、それは自分ですべきです）

② now that 〜を文末に置いた例
I can go swimming now (that) I'm over my cold.
（もう風邪が治ったので、泳ぎに行けるよ）

すぐにチェック！ ミニ会話

W : What are you going to do now that you're on vacation?
M : I don't really have any plans yet.

女：休みになった今、あなたは何をするつもり？
男：まだ何も予定はないんだよね。

now that 〜 の that 節中には現在形・現在完了形・過去形を使うことができますが、その中でも現在形と現在完了形が最もよく使われます。

使える！ 最も使える3例文

① Now that you mention it, I remember talking with him before.

意味▶ そう言われてみれば、彼と以前話をしたことを思い出しました。
なるほどポイント！▶ now that you mention it（そう言われてみれば、そういえば）は会話の中で頻繁に使われる重要フレーズです。文頭、文末のどちらに置くこともできます。remember の後は過去の出来事について言及しているため、動名詞になっています。

② Now that you are an adult, you should be responsible for what you do.

意味▶ あなたはもう大人ですから、自分の行動に責任を持つべきです。
なるほどポイント！▶ now that 以下に現在完了形が使われている例です。what you do は「あなたがすること ⇒ 自分の行動」という意味です。

③ I'd like to live my second life doing whatever I like now that I'm retired.

意味▶ 今や退職したからには、第2の人生は何でも好きなことをやって過ごしたいです。
なるほどポイント！▶ この文を応用すれば、You are free to do whatever you want now that you're retired.（もう退職したのですから、何でも好きなことができますね）とも言えますね。

ボキャブラリー

ミニ会話 □ on vacation 休暇で

パターン34 今や〜だから

パターン35 〜の場合は / 〜するといけないので

と言いたいときはコレ In case 〜

なるほど！ こう考えればカンタンに使える

in case 〜は2語から成る**従属接続詞**で、**「〜の場合は」**と**「〜するといけないので」**の2つの意味があります。

①「〜の場合は」（if と意味で用いられます）

In case I'm late, start dinner without me.
（もし私が遅れたら、私抜きで夕食を始めてください）

②「〜するといけないので」（通常 in case で導く節は主節の後に置かれます）

Take your umbrella with you **in case it rains**.
（雨が降るといけないから、傘を持っていきなさい）

なお、①と②のどちらも強調を表す副詞 just を付けて、**just in case 〜**で使うこともあります。

すぐにチェック！ ミニ会話

M: **In case I can't finish** my project today, could you help me tomorrow?
W: It's hard to say. Please don't expect much.

男：今日プロジェクトを終えることができない場合は、明日手伝ってもらえるかなあ？
女：何とも言えないわ。あまり期待はしないでね。

In case you 〜の形は非常によく使われます。これに慣れておくと、In case you have any questions, please feel free to ask.（何か質問がある場合には、遠慮なくお尋ねください）もラクに言えるようになりますよ。

使える！最も使える3例文

① In case Ms. Clark calls, please tell her I'll call back later.

意味 クラークさんが電話をかけてきた場合は、後でかけ直すと伝えておいてください。

なるほどポイント！ この文のように、in case 〜が if と同じように使われる例は、特にアメリカで多用されています。in case 〜の後に should を用いて、In case Ms. Clark should call とすると、「万一〜する場合には」という意味になり、そうした事態があまり起こりそうもないという感じを与えます。

② In case you need a ride, please call me and I'll pick you up.

意味 車で送って欲しい場合には、電話をしてくだされば迎えに行きます。

なるほどポイント！ 例文1 と同じく、この例文でも In case は If にする方が使用頻度は高いのですが、この In case のパターンも確実にモノにしておきましょう。please call me and I'll pick you up の部分は〈命令文＋and〉となっていますから、この and は「そうすれば〜」という意味ですね。

③ I'll take tire chains in case it snows heavily.

意味 雪がたくさん降るといけないので、チェーンを持っていくつもりです。

なるほどポイント！ この文を応用して「雪が降るといけないので、スノータイヤに履き替えるつもりです」と言ってみましょう。I'll put on snow tires in case it snows. くらいに表現できれば、OK です。

ボキャブラリー

例文2 □ pick 〜 up　〜を車で迎えに行く
例文3 □ tire chain　タイヤチェーン

パターン 35　〜の場合は / 〜するといけないので

パターン36 たとえ〜であっても

と言いたいときはコレ No matter 〜

なるほど！ こう考えればカンタンに使える

No matter+疑問詞（たとえ〜であっても）のパターンです。**what, who, where, when, which, how** などの疑問詞が用いられます。

高校時代に、**No matter what may happen, I will stand by you.**（どんなことが起きようと、私はあなたの味方です）のような文を習いましたよね。しかし、実際の会話の中では通常、〈**no matter 〜**〉の節中に助動詞 **may** を入れずに、**No matter what happens, I will stand by you.** のように言います。

もう一つ例をあげると、**No matter how long it takes, I will finish it.**（たとえどんなに時間がかかっても、私はそれを終えるつもりです）と言うのが普通の言い方なのです。

すぐにチェック！ ミニ会話

W: **Were you able to fix the doorknob?**
M: **No matter how hard I tried, nothing worked.**

女：ドアの取っ手を直すことはできた？
男：どんなに頑張ってみても、うまくいかなかったよ。

> No matter how hard I tried は、複合関係副詞の however を使って、However hard I tried と言うことも可能です。

使える！最も使える3例文

① No matter what anyone says, I won't change my mind.

意味▶ 誰が何と言おうと、私は決心を変えるつもりはありません。
なるほどポイント！▶ No matter what anyone says の部分を後に置いて、I won't change my mind no matter what anyone says. と言ってもOKです。また、No matter what anyone says の代わりに、No matter who says what と言うことも可能です。

② No matter where you go in the world, you can find a McDonald's.

意味▶ 世界のどこへ行っても、マクドナルドがあります。
なるほどポイント！▶ 日本なら、どこへ行っても温泉でしょうか。となると、No matter where you go in Japan, you can find hot springs. と言えますね。No matter where you go in the world は、複合関係副詞の wherever を用いて、Wherever you go in the world と言ってもOKです。

③ No matter which way you go, you will eventually get to the beach.

意味▶ どちらの道を行っても、最終的にはそのビーチに着きますよ。
なるほどポイント！▶ 「目の前に2つの道があるとして、どちらを行っても」と言うわけです。複合関係代名詞の whichever を用いれば、Whichever way you go と言うことが可能です。No matter which way you go の go の代わりに、choose を使ってもOKです。

ボキャブラリー

ミニ会話 □ doorknob 名 ドアの取っ手
例文1 □ change *one's* mind 考えを変える
例文3 □ eventually 副 最終的には

パターン36 たとえ〜であっても

復習テスト ①

ここまで学んだ36のパターンを、しっかりマスターできたかどうか確認してみましょう。
- 見開き2ページでワンセットです。左ページの日本語を英語にできるか言ってみましょう。
- 答えは右ページにあります。

1 どうしてそんなことを言うのですか。

2 なんでもっと前に教えてくれなかったの？

3 どうして日本人は温泉に行くのが好きなのですか。

4 何様だと思っているんだ？

5 私がショッピングモールでリンダにばったり出会ったのは、先週の金曜日でした。

6 私が探しているものは、それについてのさらなる情報です。

7 あなたは全力を出しさえすればよいのです。

8 そう言ってもらえてうれしいです。

9 君は新しいスーツを買う時期だと思うよ。

10 ここで働き始めてもう12年になります。

> 答えられなかった場合は本編でもう一度復習しましょう。

1	What makes you say that?	パターン1
2	How come you didn't tell me before?	パターン2
3	Why is it that Japanese people like to go to hot springs?	パターン3
4	Who do you think you are?	パターン4
5	It was last Friday that I bumped into Linda at the mall.	パターン5
6	What I'm looking for is more information about it.	パターン6
7	All you've got to do is do your best.	パターン7
8	It's sweet of you to say that.	パターン8
9	I think it's time for you to get a new suit.	パターン9
10	It's already been 12 years since I started working here.	パターン10

11 健康は失ってみて初めて、その価値がわかるものです。

12 間もなくその２つの企業は合併するでしょう。

13 私が駅に着いた時には、列車はすでに出ていました。

14 そのような名前の者はここにはおりませんが。

15 やらなければならない仕事がまだたくさん残っています。

16 家族より大切なものはありません。

17 彼は私たちに何か隠しているに違いありません。

18 これが正しい道順であるはずがありません。

19 冷蔵庫に卵がいくつかあるはずです。

20 そのことでこれ以上悩むべきではないよ。

復習テスト①

11 It isn't until you lose your health that you realize its value. — パターン 11

12 It won't be long before the two companies merge. — パターン 12

13 When I arrived at the station, the train had already left. — パターン 13

14 There is no one here by that name. — パターン 14

15 There still remains much work to do. — パターン 15

16 Nothing is more important than family. — パターン 16

17 He must be hiding something from us. — パターン 17

18 This can't be the right road. — パターン 18

19 There should be some eggs in the fridge. — パターン 19

20 You ought not to dwell on it any more. — パターン 20

21 彼女の言うことにも一理あるかもしれません。

22 彼のアドバイスを聞いておけばよかったです。

23 彼は以前、あらゆる種類の週刊誌を読んだものでした。

24 私は人前で話すのに慣れていません。

25 外で遊ぶよりも、家でテレビゲームをしたいです。

26 よくも私にそんな言い方ができるね。

27 有効な写真付き身分証明書を持っていないと、その建物に入ることはできません。

28 この調子で頑張り続ければ、きっとあなたは成功すると思います。

29 もしも突然一時解雇になったら、あなたはどうしますか。

30 いったんこの小説を読み始めたら、もう途中でやめることができなくなります。

復習テスト①

21 There might be some truth to what she says. パターン21

22 I should have followed his advice. パターン22

23 He used to read all sorts of weekly magazines. パターン23

24 I'm not used to speaking in public. パターン24

25 I'd rather play video games at home than play outside. パターン25

26 How dare you speak to me like that? パターン26

27 You can't enter the building unless you've got a valid photo ID. パターン27

28 As long as you keep up the good work, I'm sure you will be successful. パターン28

29 Suppose you suddenly got laid off, what would you do? パターン29

30 Once you start reading this novel, you just can't put it down. パターン30

31 クリスマスが来るまでに、その新しい橋は完成しているでしょう。

32 今度それを読み終えれば、3回この本を読んだことになります。

33 その歌を聞くと、いつも私は古き良き昔のことを思い出します。

34 あなたはもう大人ですから、自分の行動に責任を持つべきです。

35 車で送って欲しい場合には、電話をしてくだされば迎えに行きます。

36 誰が何と言おうと、私は決心を変えるつもりはありません。

復習テスト①

31 By the time Christmas rolls in, the new bridge will have been completed. 　パターン 31

32 I will have read this book three times the next time I finish it. 　パターン 32

33 Every time I listen to that song, it reminds me of the good old days. 　パターン 33

34 Now that you are an adult, you should be responsible for what you do. 　パターン 34

35 In case you need a ride, please call me and I'll pick you up. 　パターン 35

36 No matter what anyone says, I won't change my mind. 　パターン 36

読者のみなさん、前半戦お疲れさまでした。

日本語でこう言いたいんだけど、それを英語にしようとすると言葉が出てこない…。多くの日本人が抱える悩みのようだけど、ルリアスさんはどう思う？

もったいないよ。パターンを使いこなせるかどうか、それだけの違いだからね。英文法は学校で一通りやっている人がほとんどでしょ？　一度は学んだことのあるパターンばかりなのに、きちんとマスターできてないから使えない。

この〈実力 UP キワメル編〉の中にも、難解なものは一つもないよね？

Exactly!　「使い方」をちゃんと理解して、「3例文」を覚えれば、それで OK。実際の英会話場面でパターンが瞬間的に頭に浮かんでくるようになるからネ。

みなさん、このあとの後半部分にも、「そうそう、こういうことを言いたいんだ」っていう日本語の見出しが続々登場します。頑張ってマスターしてくださいね。

第2部

表現の幅 UP！
ここで差がつく
48 パターン

パターン 37 〜するのは…だと思います

と言いたいときはコレ I find it + 形容詞 + to do 〜

なるほど！ こう考えればカンタンに使える

形式目的語の **it** は、後に来る **to** 不定詞、動名詞、**that** 節を代表しますが、ここでは **to 不定詞**を意味する **I find it + 形容詞 + to do 〜** の形を練習します。例えば、**find** を過去形にして「私は新しいコンピュータを使うのは簡単だと思いました」と言う場合には、**I found it easy to use my new computer.** と表現できます。形式目的語の **it** を取る動詞には、**find** の他、**think, feel, take, believe, consider, make** などがあります。

また、動名詞が目的語になってもよいので、**I found it easy using my new computer.** とも言えますが、実際の会話では、動名詞よりも **to** 不定詞に対して形式目的語が用いられるケースの方が圧倒的に多いです。

すぐにチェック！ ミニ会話

M: How was your recent trip in Germany? Did you try speaking German?
W: Yes, but I found it very difficult to make myself understood.

男：つい最近のドイツ旅行はどうだった？ドイツ語を話してみたの？
女：ええ、でも自分の考えを理解してもらうのはとても難しかったわ。

女性の発話では、it の後の形容詞 difficult を、さらに強めて very difficult にしています。found の代わりに、thought や felt を使っても OK ですよ。

使える！最も使える３例文

① Lisa found it difficult to believe what I shared with her.

意味 リサは私が分かち合ったことを信じ難いと思いました。

なるほどポイント！ found を think の過去形の thought や felt にして、Lisa thought [felt] it difficult to believe what I shared with her. としても、ほとんど同じ意味を表せます。

② I think it impossible to master English in a month or two.

意味 私は1、2ヶ月で英語をマスターすることは不可能だと思います。

なるほどポイント！ 動詞を think にした例です。think にしても使い方はまったく一緒です。パターンを自由に使えるようになれば、I think it possible to finish this report in an hour.（この報告書を1時間で仕上げることは可能だと思います）などもスラスラと言えるようになりますよ。

③ We feel it our duty to protect and preserve our natural environment.

意味 私たちは自然環境を守り、保全することは私たちの義務だと感じています。

なるほどポイント！ 動詞を feel にした例です。it の後は補語であればよいので、形容詞だけでなく、この文のように名詞が来ることもあります。また、形式目的語の it を形式主語の it に変えて、We feel it is our duty to protect and preserve our natural environment. と言うこともできます。

ボキャブラリー

ミニ会話 □ make *oneself* understood　自分の考えを人に理解してもらう
例文3 □ duty　名　義務

パターン37　〜するのは…だと思います

パターン 38 〜のようです / 〜らしいです

と言いたいときはコレ It seems (that) 〜

なるほど！ こう考えればカンタンに使える

It seems (that) 〜は「〜のようだ / 〜らしい」の意味を表します。that は会話の中でよく省略されます。

> **It seems (that) you have a cold.** （風邪をひいておられるようですね）

It seems の後に to me を入れれば、主体をより明確に表せます。

> **It seems to me (that) we have no choice.** （私たちはもうどうしようもなさそうですね）

that の代わりに like を用いることもできます。like の場合は、直後に「**名詞または名詞節**」が続くことを覚えておきましょう。

> **It seems like a good plan.** （良いアイデアのようですね）
> **It seems like he likes you.** （彼はあなたのことが気に入っているようです）

すぐにチェック！ ミニ会話

W : It seems the rainy season has finally ended.
M : Yeah, the summer should be coming soon.

女：やっと梅雨が明けたようね。
男：うん、もうすぐ夏が来るはずだよ。

> It seems の後には that が省略されています。that の代わりに like を使って、It seems like the rainy season has finally ended. と言うこともできます。It seems like 〜は、It seems that 〜よりも少し婉曲的な表現です。

使える！最も使える３例文

① It seems to me there are too many contradictions in their story.

意味 私には、彼らの話には矛盾点が多すぎるように思えます。
なるほどポイント！ It seems の後に、to me を入れた例です。この to me を削除すると、自分の考えを直接的に表現する度合いが下がるので、全体的に婉曲的な言い方になります。there の前には that が省略されています。

② It seems that things are getting worse every year.

意味 事態は年々どんどん悪くなっているようです。
なるほどポイント！ seems の代わりに、「外見の様子」に言及する動詞 appears を使って、It appears that things are getting worse every year. と言うことも可能です。あるいは、that の代わりに like や as if を使って、It seems like [as if] things are getting worse every year. と言うこともできます。

③ It doesn't seem that this project will work out as planned.

意味 この事業は計画通りうまくいくとは思えません。
なるほどポイント！ 否定文にする時には、〈It seems that ~ not ...〉よりも〈It doesn't seem that ~〉の方が普通です。よって、It seems that this project won't work out as planned. でもよいのですが、通常は It doesn't seem that this project will work out as planned. と言うわけです。

------ ボキャブラリー ------

ミニ会話 □ rainy season　梅雨
例文1 □ contradiction　名　矛盾
例文3 □ work out　うまくいく

パターン38 〜のようです / 〜らしいです

パターン39 それは〜なことです（それは〜ではありません）

と言いたいときはコレ That's (not) what 〜

なるほど！ こう考えればカンタンに使える

関係代名詞の **what** は、名詞節を作る場合、主語、補語、目的語などになりますが、ここでは**補語になる用法**を使った That's (not) what 〜のパターンを扱います。

会話の中で非常によく使われる形なので、しっかりとマスターしておきましょう。例：**That's what** I'm doing now.（それこそ今私が取り組んでいることです）、**That's what** I was afraid of.（私が怖かったのはそれなんです）、**That's not what** I heard.（それは私が聞いたことと違います）、**That's not what** I'm trying to say.（私が言おうとしているのはそういうことではありません）

すぐにチェック！ ミニ会話

CD 39

M: I think my new business plan will bring in more investors.
W: **That's what** you always say.

男：僕の新しいビジネスプランでもっと多くの投資家を呼び込めると思っているよ。
女：あなたはいつもそう言っているわね。

捕らぬ狸の皮算用タイプの男性に女性は呆れ返っているようです。That's what you always say. の代わりに、I've heard it a million times.（その話は耳にたこができるほど聞いたよ）という表現を使うことも可能です。

使える！最も使える３例文

① That's what I like about her.

意味 そこが彼女の良いところです。
なるほどポイント！ That's what I like about her. は「私が彼女を好きなのはそこなのです ⇒ 私は彼女のそういう所が好きです / そこが彼女の良いところです」という意味です。同様に、That's what I like about you. と言えば、「あなたのそういうところが私は好きです」という意味になりますね。

② That's not what you said before.

意味 話が違うじゃないですか。
なるほどポイント！ That's not what you said before. は「それは前にあなたが言ったこととは違います ⇒ それでは話が違います / 前に言ったことと矛盾しているじゃないですか」の意味の重要フレーズです。「矛盾する」の意味を表す形容詞 contradictory や inconsistent などを使う必要はありませんね。

③ That's what I told you.

意味 だからそう言ったでしょう。
なるほどポイント！ That's what I told you. は、単に自分の過去の発言について再確認をするための「私が言ったのはそういうことなんです」という意味でも使われますが、「だからそう言ったでしょう / 言わんこっちゃない」（＝ I told you.）の意味の決まり文句としてもよく使われます。

ボキャブラリー

ミニ会話 □ investor 名 投資家

パターン39　それは〜なことです（それは〜ではありません）

パターン 40 非常に…なので~です

と言いたいときはコレ 主語 + 動詞 + so ... (that) ~

なるほど！ こう考えればカンタンに使える

主語 + 動詞 + so ... (that) ~ は「非常に…なので~だ/~ほど…だ」の意味を表します。誰でも馴染みのある構文なのですが、会話の中で実際に使う段になると、正確にこのパターンを使いこなせる人はそれほど多くはないようです。so 直後の ... の部分には形容詞または副詞が来ます。that 以下は that 節ですが、that 自体は会話でよく省略されます。

このパターンは、**パターン 41** の 主語 + 動詞 + too ... to *do* ~（あまりに…すぎて~できません）と合わせてきっちり習得する必要があります。

例：**I was so tired that I couldn't walk any farther.**（私はとても疲れていたので、それ以上歩けませんでした）＝ **I was too tired to walk any farther.**

すぐにチェック！ ミニ会話

W : **Why didn't you call me yesterday?**
M : **I was so busy I couldn't. I'm sorry.**

女：どうして昨日電話をしてくれなかったの？
男：あまりにも忙しくて、電話をかけられなかったんだ。ごめんね。

so busy の後には that が、I couldn't の後には call you が省略されています。会話ではよくあることです。〈too ... to ~〉を使って言い換えると、I was too busy (to call you). となります。

使える！ 最も使える3例文

① This suitcase is **so heavy that** I can't carry it upstairs.

意味▶ このスーツケースはとても重いので、私は2階まで運ぶことができません。

なるほどポイント！▶ この文では、主節の主語（This suitcase）と that 節の主語（I）が異なっています。このような場合、〈too ... to ～〉を使って言い換えるには、to 不定詞の前に意味上の主語（for me）を置く必要があるので、This suitcase is too heavy for me to carry upstairs. となります。

② Ken is **so honest that** everybody trusts and respects him.

意味▶ ケンは非常に正直なので、誰もが彼を信頼し尊敬しています。

なるほどポイント！▶ ここも 例文1 と同じく、主節の主語（Ken）と that 節の主語（everybody）が異なる例です。この文は〈such（＋形容詞＋名詞）＋that ～〉（非常に…なので～だ）を用いて、Ken is such an honest man that everybody trusts and respects him. と言い換えることができます。

③ The professor explained the difficult theory **so clearly that** I could understand it.

意味▶ 教授はその難しい理論についてとてもわかりやすく説明してくれたので、私は理解することができました。

なるほどポイント！▶ 例文1 と 例文2 では、so ... that の間に形容詞か使われていましたが、ここでは副詞の clearly が置かれていることに注意しましょう。〈主語＋動詞＋so ...（that）～〉の ... の部分にいろいろな形容詞／副詞を入れて、応用練習をしてみましょう。

パターン40 非常に…なので～です

パターン 41 あまりに…すぎて〜できません

と言いたいときはコレ → 主語 + 動詞 + too ... to do 〜

なるほど！ こう考えればカンタンに使える

主語 + 動詞 + too ... to do 〜は「あまりに…すぎて〜できない／〜するにはあまりにも…だ」の意味を表します。主語 + 動詞 + so ...(that)〜（非常に…なので〜だ／〜ほど…だ）の **パターン40** と合わせてマスターすることが重要です。

小学生の頃、楽しい遠足の前日の夜はワクワク興奮して眠れなかったという経験は誰にでもあるのではないでしょうか。そんな時は、**I was too excited to sleep last night.**（昨晩は興奮しすぎて眠れませんでした）と言うことができます。**so ... that 〜**を用いれば、**I was so excited that I couldn't sleep last night.** と表現できます。

すぐにチェック！ ミニ会話

W: **This is too hot to drink.**
M: **Then wait until it gets a little cooler.**

女：これ、熱すぎて飲めないわ。
男：じゃあ、少し冷めるまで待てばいいよ。

> This is too hot for me to drink. と言ってもよいのですが、for me は状況上わかり切っていることなので、省略しています。さらに to drink を省略して、This is too hot. と言っても通じます。

使える！最も使える3例文

① He is **too old to do** this type of work.

意味 彼はこの種の仕事をするには年を取りすぎています。
なるほどポイント！ not を付けて、He is not too old to do this type of work. とすると「彼はこの種の仕事ができないほど年を取ってはいません」（= He is not so old that he can't do this type of work.）の意味になります。反対の〈too young to do ～〉（～するには若すぎる）も覚えておきましょう。

② It's never **too late to learn**.

意味 学ぶのに遅すぎることはありません。
なるほどポイント！ 〈too ... to do ～〉の too の前に否定語（never や not）を置いた形です。It's never too late to learn. は、ことわざの「八十の手習い」にも相当するフレーズです。You're never too old to learn. と言っても同じ意味を表します。

③ Isn't it way **too early for you to make** a final decision?

意味 あなたが最終決定を下すのはあまりにも時期尚早ではありませんか。
なるほどポイント！ 〈too ... to do ～〉を使った疑問文の例です。too の前の way は強意の副詞で「はるかに、ずっと」の意味を表します。この文のように、不定詞の動作主が誰であるかをはっきりと表す必要のある場合には、不定詞の前に〈for＋動作主〉を入れます。

ボキャブラリー

例文3 □ make a dicision　決定する、決断を下す

パターン 41　あまりに…すぎて～できません

パターン42 〜するのに十分…です

と言いたいときはコレ ▶ 主語 ＋ be動詞/動詞 ＋ 形容詞/副詞 ＋ enough to do 〜

なるほど！ こう考えればカンタンに使える

形容詞/副詞 ＋enough to do 〜で「〜するのに十分…」の意味を表します。例：**She was kind enough to drive me home.**（彼女は親切にも車で家まで送ってくれました）

なお、enough と to 不定詞の間に不定詞の意味上の主語が入る場合は、次のようになります。例：**This book is easy enough for me to read.**（この本は私が読めるほど簡単です）

実際の会話の中では、be動詞 ＋ 形容詞 ＋enough to do 〜の方が使用頻度が高いわけですが、一般動詞 ＋ 副詞 ＋enough to do 〜もよく使われます。例：**He worked hard enough to support his parents.**（彼は両親を養うことができるほど一生懸命働きました）

すぐにチェック！ ミニ会話

W: Do you think the conference hall can accommodate all the participants?

M: Oh, yeah. It's **large enough to hold** as many as 1,500 people.

女：会議場はすべての参加者を収容できると思う？
男：もちろんだよ。1500名もの人を収容するのに十分な広さだからね。

〈... enough＋to 不定詞〉の代わりに、〈so ... that 〜〉を使えば、It's so large that it can hold as many as 1,500 people. と表現できます。

使える！最も使える３例文

① You are old enough to do that.

意味 もう大きいんだから、そのくらいできるでしょ。
なるほどポイント！ よくお母さんが子供に言うセリフですよね。これを応用すれば、You are old enough to understand it.（あなたはもう十分それが理解できる年頃ですよ）や You are old enough to know better.（君はもっと分別があっていい年頃だよ）も簡単に言えますね。

② The class was quiet enough to hear a pin drop.

意味 クラスは水を打ったように静まり返っていました。
なるほどポイント！ この文は、〈so ... that ~〉を使って、The class was so quiet that we could hear a pin drop. と表現することもできます。quiet enough to hear a pin drop は「ピン１本が落ちる音さえ聞こえそうなほど静かな ⇒ シーンと静まり返って」という意味です。

③ This condominium is big enough for a family of five to live in.

意味 この分譲マンションは５人家族が住むのに十分な大きさです。
なるほどポイント！ to 不定詞の前に意味上の主語（a family of five）が置かれています。to 不定詞の部分は、最後の前置詞 in を忘れずに to live in とします。live in this condominium と考えると、理解できますね。

―――― ボキャブラリー ――――

ミニ会話 □ conference hall　会議場
ミニ会話 □ accommodate　動　～を収容できる
例文３ □ condominium　名　分譲マンション（略して condo と言う）

パターン 42　～するのに十分…です

パターン43 〜してもいいですか

と言いたいときはコレ ▶ Is it okay [all right] if I *do* 〜

なるほど！ こう考えればカンタンに使える

〈基本カンタン編〉の **パターン40** では、許可を表す **May I *do* 〜?**（〜してもいいですか）を扱いました。**Is it okay [all right] if I *do* 〜?** は、それとほぼ同じ意味ですが、**May I *do* 〜?** よりも日常的にもっと頻繁に使われます。例：**Is it okay [all right] if I sit here?**（ここに座ってもいいですか）

友達に対してはカジュアルな表現になりますし、初対面の人に対しては許可を求める丁寧な表現として使える万能フレーズです。

さらに丁寧に言いたい場合には、仮定法を使って **Would it be okay [all right] if I *do* 〜?** で OK です。あるいは、**Would you mind if I *do* 〜?** も使えますよ。

すぐにチェック！ ミニ会話

W: **How about going out for dinner tomorrow?**
M: **Sorry, I can't. But is it okay if I take a rain check?**

女：明日、夕食に行かない？
男：すまないけど、無理なんだ。でも、今度にしてもらってもいいかなあ？

okay の代わりに、all right もよく使われます。if 節の代わりに to 不定詞を使って、But is it okay to take a rain check? でも OK です。

使える！最も使える3例文

① Is it okay if I use your computer for a few minutes?

意味 数分間、あなたのコンピュータを使ってもいい？
なるほどポイント！ 日本語では友達に言う時には「～してもいい？」、丁寧に言わなければならない相手には「～してもいいですか」と相手や場面に応じて表現を使い分けるわけですが、この Is it okay [all right] if I do ～? は誰に対しても使える表現なので、とても便利です。

② Is it okay if I take pictures here?

意味 ここで写真を撮ってもよろしいですか。
なるほどポイント！ 写真撮影が許されているかどうか不明な時には、このように聞けばよいですね。if 節を使わずに、Is it okay to take pictures here? と言うこともできます。その場合は、Is it okay for me to take pictures here? とするよりも、for me を取った方がむしろ自然な英語に聞こえます。

③ Would it be all right if I take next Wednesday off?

意味 来週の水曜日は休んでもよろしいでしょうか。
なるほどポイント！ 会社の上司に対して尋ねているケースです。Would it be all right [okay] if I do ～? はとても丁寧な言い方なので、特に目上の人に対して使うのに最適です。

ボキャブラリー

ミニ会話 □ take a rain check またの機会にする
例文3 □ take ～ off ～に休みを取る

パターン43 ～してもいいですか

パターン44 それは〜次第です / それは〜によります

と言いたいときはコレ It depends on 〜

なるほど！ こう考えればカンタンに使える

It depends on 〜 は「**それは〜次第です / それは〜によります**」の意味の重要フレーズです。〜の部分は **on** の後ですから、**名詞**（相当語句）が来ます。例：**It depends on your efforts.**（それはあなたの努力次第です）、**It depends on what you would like to do.**（それはあなたが何をしたいかによります）

on の後に **5W1H**（what, who, where, when, why, how）の疑問詞で始まる名詞節や名詞句が続くケースは非常に多いです。

It depends on 〜 の前置詞 **on**（＝ **upon**）は「**依存**」の意味を表しています。**rely on 〜**（〜に頼る）や **count on 〜**（〜を当てにする）も同じ用法です。

すぐにチェック！ ミニ会話

W : **Are you going to sue them?**
M : **Well, it depends.**

女：彼らを訴えるつもり？
男：まあ、状況次第だね。

> It [That] (all) depends. は、It [That] (all) depends on the circumstances. の on 以下が略されたもので、「状況次第（ケースバイケース）だ / 時と場合によるよ」の意味を表します。確答を避ける時に使う表現です。

使える！最も使える3例文

① It depends on the weather.

意味▶ 天気次第です。
なるほどポイント！▶ on の後に the weather という名詞が続いています。この文は、Are you going fishing tomorrow?（明日は釣りに行くのですか）という質問に対する返答にも使えますね。文頭に I think や I guess を付けて、I think [guess] it depends on the weather. と言うこともよくあります。

② It all depends on how you look at it.

意味▶ それはまさに物の見方次第です。
なるほどポイント！▶ 「それはまさにあなたがそれをどう見るかによります ⇒ それはまさにあなたの見方次第です」の意味です。all（まったく）は強調を表しますが、なくても構いません。この文を応用して、It (all) depends on how you feel. とすれば、「それは（まさに）感じ方によります」となります。

③ Everything depends on you.

意味▶ すべてはあなた次第です。
なるほどポイント！▶ 文頭は必ずしも It でなくても OK ですよ。また、動詞もいつも現在形にする必要はありません。ですから、The rest will depend on your efforts.（後はあなたの努力次第です）のような文も自由に作れる応用力を養っておいていただきたいのです。

------ ボキャブラリー ------

ミニ会話 □ sue 動 ～を訴える

パターン44 それは～次第です／それは～によります

パターン 45 〜したい気がします

と言いたいときはコレ I feel like *doing* 〜

なるほど！ こう考えればカンタンに使える

〈基本カンタン編〉の **パターン 21** と **パターン 22** で、すでに **I want to *do* 〜**（〜したいなあ）と **I'd like to *do* 〜**（〜したいです）について紹介しました。**I feel like *doing* 〜**は、それらよりも意味が少し弱く、遠慮がちな表現です。

I feel like *doing* 〜（〜したい気がします）は、**like** の後が必ず**動名詞**（または**名詞**）になるので気をつけましょう。例：**I feel like eating Chinese food tonight.**（今夜は中華料理を食べたい気がします）

反対に「〜したい気がしません / 〜する気がしません」であれば、**I don't feel like *doing* 〜**とすればOKです。例：**I don't feel like drinking beer tonight.**（今夜はビールを飲む気がしません）

すぐにチェック！ ミニ会話

W : **Do you want to play tennis this afternoon?**
M : **Sorry, I don't feel like doing anything.**

女：午後からテニスしない？
男：ごめん、何もする気がしないんだ。

男性は女性からのテニスの誘いを断っています。I feel like *doing* 〜を否定にした文の例です。I don't feel like 〜 の後を、eating out tonight や going shopping today などいろんな表現に変えて練習しましょう。

使える！ 最も使える3例文

① I feel like having something hot to drink.

意味▶ 何か温かい飲み物を飲みたい気分です。
なるほどポイント！▶ I feel like の後は、動名詞の代わりに名詞を置いて、I feel like something hot to drink. と言っても OK です。ただし、「風邪をひきかけている気がします」は、I feel like getting a cold.（風邪をひきたい気分です）ではなく、I feel like I'm getting a cold. なので要注意ですよ。

② What do you feel like doing this weekend?

意味▶ 今週末は何をしたいですか。
なるほどポイント！▶ feel like *doing* 〜を使った疑問文の例です。What do you want to do [What would you like to do] this weekend? と言うことも可能です。皆さんも、このパターンを使って、Where do you feel like going this weekend? のようにいろんな疑問文を作る練習をしてみてください。

③ Do you feel like coming over to my place tomorrow?

意味▶ 明日うちに来ませんか。
なるほどポイント！▶ 直訳すると「明日うちに来る気がありますか」ですが、feel like *doing* 〜はこのような場合、「〜しませんか」という勧誘を表します。my place とは my house の意味です。会話ではよく文頭の Do you を省略して、Feel like coming over to my place tomorrow? とも言います。

パターン 45 〜したい気がします

パターン46 〜することはできません

と言いたいときはコレ → There is no *doing* 〜

なるほど！ こう考えればカンタンに使える

There is no *doing* 〜は動名詞を使った慣用表現で、**「〜することはできない」**の意味を表します。**There is no knowing what will happen in the future.**（将来何が起こるかを知ることはできません ⇒ 将来何が起こるかわかりません）のように、**no** の後に**動名詞**を置くわけです。この文の場合は、**knowing** の代わりに、**telling** や **predicting** を用いてもよいでしょう。

There is no *doing* 〜は **It is impossible to *do* 〜**と同じ意味を表します。よって、**It is impossible to know what will happen in the future.** に言い換えることができます。

すぐにチェック！ ミニ会話

W: **Barry is really cool.**
M: **Well, there's no accounting for taste.**

女：バリーって本当にカッコいいわ。
男：へえ、人の好みはさまざまだね。

> There's no accounting for taste(s). は「趣向を説明することはできない ⇒ 十人十色 / 蓼食う虫も好きずき」の意味の有名なことわざです。

使える！最も使える３例文

① There is no telling when the volcano will erupt again.

意味 その火山がいつ再び噴火するのか予測がつきません。
なるほどポイント！ この文は、It is impossible to tell when the volcano will erupt again. や Nobody can tell when the volcano will erupt again. に言い換えることができます。

② There's no denying Thomas Edison was one of the world's greatest inventors.

意味 トーマス・エジソンは世界中で最も偉大な発明家の一人だったことを否定することはできません。
なるほどポイント！ There is no denying (that) ～は「～を否定することはできません」の意味です。denying の後の that はなくても構いません。denying の後は that 節ではなく、直接名詞（句）が来ることもよくあります。例: There is no denying the fact.（その事実を否定することはできません）

③ Once he makes up his mind, there will be no changing it.

意味 彼が一度こうと決めたら、テコでも動かないでしょう。
なるほどポイント！ **パターン 30** で学んだ once は「いったん～すると」の意味の接続詞でしたね。there will be no changing it. の代わりに、he won't change it. や he will never change. と言うことも可能です。

ボキャブラリー

ミニ会話 □ account for ～　～を説明する
例文1 □ erupt 動　噴火する、爆発する
例文3 □ make up *one's* mind　決心する

パターン 46　～することはできません

パターン 47 〜しても無駄です

と言いたいときはコレ It's no use *doing* 〜

なるほど！ こう考えればカンタンに使える

It is no use *doing* 〜は動名詞を使った慣用表現で、**「〜しても無駄だ / 〜しても役に立たない / 〜しても意味がない」**の意味を表します。有名なことわざに **It's no use crying over spilled milk.** というのがあります。その意味は「こぼれたミルクのことで泣いても無駄だ ⇒ 済んだことを悔やんでも仕方がない ⇒ 覆水盆に返らず」となります。このパターンを利用すると日常会話でも、**It's no use regretting it now.**（今さらそのことを後悔しても仕方がありません）のように言えますね。

It is no use *doing* 〜 の **use** を **good** にして **It is no good *doing* 〜**、**It** を **There** にして **There is no use *doing* 〜**としても同じ意味を表します。

すぐにチェック！ ミニ会話

W: Why don't we talk to the manager about our proposal again?

M: **It's no use trying** to persuade him. He won't listen.

女: 私たちの企画案についてもう一度部長に話してみてはどうかしら？
男: 彼を説得しようとしても無駄だよ。彼は耳を貸さないだろうから。

It's no use の後に前置詞の in を入れて、It's no use in trying 〜 ということも可能ですが、通常 in は省略されます。

使える！最も使える3例文

① It's no use worrying.

意味▶ 心配しても仕方がありません。
なるほどポイント！▶ 会話の中では文頭の It's が省略されて、No use worrying. と言うことがよくあります。短いフレーズで日常会話でよく使われるものとして、It's no use complaining.（文句を言っても無駄だ＝ No use complaining.）も覚えておくと便利ですよ。

② It's no use saying anything to her about it.

意味▶ それについては彼女に何を言っても無駄です。
なるほどポイント！▶ 「それについてはあなたが彼女に何を言っても無駄だ」と言いたい場合には、It's no use your saying anything to her about it. のように表現します。あるいは to 不定詞を使って、It's no use for you to say anything to her about it. と言うことも可能です。

③ It's no use discussing the matter any more.

意味▶ その件については、これ以上議論しても無駄です。
なるほどポイント！▶ この文を他の言い方で表現するなら、There is no use [good] discussing the matter any more. や It is useless [pointless] to discuss the matter any more. や It is of no use to discuss the matter any more. なども可能です。

ボキャブラリー

ミニ会話 □ persuade 動 ～を説得する

パターン 47 ～しても無駄です

パターン48 …は〜する価値があります

と言いたいときはコレ 主語 + be動詞 + worth doing 〜

なるほど！ こう考えればカンタンに使える

worth doing 〜は**「〜する価値がある / 〜するに値します」**の意味を表します。動名詞を含む慣用表現の一つで、とても重要なパターンです。例：**The film is worth seeing.**（その映画は見る価値があります）、**The book is worth reading.**（その本は一読する価値があります）

worth は形式主語の It を使って、**It is worth doing 〜**の形で表現することもできます。上記の英文であれば、**It's worth seeing the film.** や **It's worth reading the book.** と言えるわけです。

さらに、**worth** の後には**動名詞**だけでなく、**名詞**を置くこともできます。例：**It [This] is worth a try.**（それ［これ］はやってみる価値があります）

すぐにチェック！ ミニ会話

W: **Where is a good place to visit on the East Coast?**
M: **Let me see. Boston is worth visiting, I think.**

女：東海岸で訪れるのにいい所はどこ？
男：そうだなあ。ボストンは訪れる価値があると思うよ。

主語の Boston を The museum（博物館）や The castle（城）に変えて、The museum [castle] is worth visiting. と言うことも簡単にできますね。is worth visiting は、is worth a visit と表現することも可能です。

使える！ 最も使える3例文

① The proposal is well worth considering.

意味▶ その提案は検討してみる価値が十分あります。
なるほどポイント！▶ worth の前に副詞の well（十分に）を付けて、〈is well worth doing ～〉（～する価値が十分ある）の形で使うことがよくあります。worth の後の動名詞 considering を名詞の consideration にして、The proposal is well worth consideration. と言うこともできます。

② This task is very challenging but worth the effort.

意味▶ この仕事はとても大変ですが、努力するだけの価値はあります。
なるほどポイント！▶ This task is very challenging but (it is) worth the effort. という意味です。worth the effort のように定型表現として使われるものに、worth the trouble（骨を折る価値がある）や worth the time（時間をかける価値がある）や worth the risk（危険を冒す価値がある）もあります。

③ If you have a chance to go to China, the Great Wall is worth seeing.

意味▶ 中国へ行く機会があるようでしたら、万里の長城は一見に値しますよ。
なるほどポイント！▶ 「万里の長城」は、the Great Wall と言います。数十年前には「万里の長城は宇宙から肉眼で見える唯一の人工構造物である」なんていう話がまことしやかに語られていたものです。全長約 6300 キロにも及ぶ巨大な城壁ですが、その幅は平均 5～6m ですから、見えるわけがないのです。

ボキャブラリー

例文1 □ consider 動 ～を検討する、考慮する
例文2 □ challenging 形 困難だがやり甲斐のある

パターン48 …は～する価値があります

パターン49 ～せざるを得ません / ～せずにはいられません

と言いたいときはコレ▶ 主語 + can't help *doing* ～ / can't help but *do* ～

なるほど！ こう考えればカンタンに使える

　高校時代におそらく皆さんは、**can** を用いた慣用表現として **cannot help *doing* ～ = cannot but *do* ～**（～せざるを得ない）の2つを覚えたと思います。

　しかし、**会話の中で cannot but *do* ～を使うことはそれほどない**ので、ここでは **cannot help *doing* ～**を自由に使えるように練習します。例：**I can't help feeling that way.**（そのように感じざるを得ません ⇒ そんな気がしてなりません）

　アメリカ英語では上記の2つの言い方をミックスしたような **can't help but *do* ～**が非常によく使われるので、これも覚えておきましょう。

すぐにチェック！ ミニ会話

🆆: **Brian is still young but very talented.**
🅼: **You're right. I can't help but admire him.**

女：ブライアンはまだ若いのに、すごい才能を持っているわね。
男：本当だね。感心するばかりだよ。

> I can't help but admire him. は少しくだけた言い方で、「彼を称賛せざるを得ません ⇒ 彼には感心するばかりです」の意味です。I can't help admiring him. と言うこともできます。

使える！最も使える3例文

① I can't help thinking that I've hurt her feelings.

意味▶ 私は彼女の気持ちを傷つけたような気がしてなりません。
なるほどポイント！▶ 大抵の参考書には、〈cannot help *doing* 〜〉と表記されているようですが、実際の会話では短縮形を使い、〈can't help *doing* 〜〉となるのが普通です。I can't help thinking (that) 〜は「〜という気がしてならない / 〜と思えてしかたがない」の意味で、会話でよく使われます。

② I couldn't help laughing when I heard his joke.

意味▶ 彼の冗談を聞いて、笑わずにはいられませんでした。
なるほどポイント！▶ 〈can't help *doing* 〜〉を過去形で表現する時には、〈couldn't help *doing* 〜〉とします。この文はもっと簡単に、I couldn't help laughing at his joke. と言っても OK です。

③ I sometimes can't help but wonder how Lauren is doing now.

意味▶ 私は時々、今ローレンはどうしているのだろうと考えてしまいます。
なるほどポイント！▶ 〈can't help *doing* 〜〉の代わりに、〈can't help but *do* 〜〉を使う時には、but の直後には必ず動詞の原形が来ることを意識して、この表現を正確に使うことを心掛けましょう。I can't help but wonder 〜（〜はどうかなと思わざるを得ない）は、会話でよく使われますよ。

ボキャブラリー

ミニ会話 □ talented 形 才能のある
ミニ会話 □ admire 動 〜を称賛する、〜に感心する

パターン 49 〜せざるを得ません / 〜せずにはいられません

パターン 50 ～するしかありません / ～するほか仕方がありません

と言いたいときはコレ I have no (other) choice but to *do* ～

なるほど！ こう考えればカンタンに使える

have no (other) choice but to *do* ～は「**～するしかない / ～するほか仕方がない / ～せざるを得ない**」の意味を表します。**but**の後には**to 不定詞**が続きます。この**but**は「**～を除いて、～のほかは**」の意味の**前置詞**です。例：**I have no (other) choice but to cancel the plan.**（その予定をキャンセルするしかありません）

この表現は、 **パターン49** の **can't help *doing* ～ / can't help but *do* ～**で言い換えが可能です。

さらに、関連表現として、**I have no other choice.**（他に選択の余地はない ⇒ 背に腹はかえられない）や **There is no choice. = I have no choice. = No choice.**（仕方がない）なども覚えておくと便利ですよ。

すぐにチェック！ ミニ会話

W: **What happened to your company picnic last Saturday? It was raining in the morning, wasn't it?**

M: **Yeah, it was. So we had no choice but to postpone it.**

女：先週の土曜日の会社のピクニックはどうなったの？午前中、雨が降っていたでしょ？

男：うん、降ってたね。だから、やむを得ず延期になったんだ。

So we had no choice but to postpone it. は「そこで、我々（＝ 会社）はそれ（＝ 会社のピクニック）を延期するより仕方がなかった⇒やむを得ず延期することになった」という意味です。

使える！最も使える３例文

① I have no other choice but to sue him for breach of contract.

意味 ▶ 契約違反で彼を訴えるしかありません。
なるほどポイント！ ▶ other は省略しても構いません。option や alternative を使って、〈have no option [alternative] but to do ~〉とすることもできますが、少し堅い表現になってしまうので、choice で覚えておくのが一番です。

② Jill had no choice but to agree to the proposal.

意味 ▶ ジルは仕方なくその提案を受け入れました。
なるほどポイント！ ▶ この文は「ジルはその提案に賛成する以外選択肢がなかった ⇒ ジルは仕方なくその提案を受け入れた」と解釈できますね。過去形で使う場合は、〈had no (other) choice but to do ~〉となるのです。

③ We had no choice but to put up with the constant construction noise for almost half a year.

意味 ▶ 私たちは約半年間建設工事の絶え間ない騒音を我慢するしかありませんでした。
なるほどポイント！ ▶ この文は〈can't help but do ~〉を使って、We couldn't help but put up with the constant construction noise for almost half a year. と言い換えることができます。

ボキャブラリー

- **例文1** ☐ breach of contract　契約違反、契約不履行
- **例文3** ☐ put up with ~　~に我慢する、耐える
- **例文3** ☐ construction noise　建設騒音

パターン50　~するしかありません / ~するほか仕方がありません

パターン 51 〜した方がいいでしょう

と言いたいときはコレ 主語 + might as well *do* 〜

なるほど！ こう考えればカンタンに使える

might as well には、should のような積極的な助言・提案や、had better のような上から目線の忠告のニュアンスもありません。might as well は、通常日本語として「〜した方がいい」と訳されていても、実際には**「(状況から判断して)〜した方がいいだろう／〜した方がましだろう」**くらいの控えめな意味を表す表現です。

例：**You might as well apply for the job.**（その仕事に応募してみてもいいだろうね）

might の代わりに、may を使って、may as well *do* 〜としても同じ意味を表しますが、実際の会話の中では might as well *do* 〜 を使う方が多いです。

すぐにチェック！ ミニ会話

W：**I heard this play will be about two hours long and have no intermission.**
M：**Then I might as well go to the restroom beforehand.**

女：この劇は約2時間の長さで、休憩はないそうよ。
男：じゃあ、その前にトイレに行っておいた方がいいだろうな。

男性は今すぐトイレに行きたいわけではありませんが、「劇の途中で休憩がないのならば、今行っておくしかないな」というくらいのニュアンスで、I might as well go to the restroom beforehand. と言っているのです。

使える！ 最も使える3例文

① It's already 9 o'clock, so we might as well call it a day.

意味▶ もう9時だから、今日はこの辺で終わりにしましょう。
なるほどポイント！▶ 「もう9時となり遅いから」という状況から判断して、We might as well call it a day.（我々は今日はもう終わりにした方がいいですね ⇒ 今日はもう終わりにしましょう）と提案しているわけです。

② You might as well wait another two weeks until you make the final decision.

意味▶ 最終決定をするまで、あと2週間待った方がよいでしょうね。
なるほどポイント！▶ 「どうせなら、あと2週間待つ方がよいのではないですか、たぶん待った方がいいですよ」くらいのニュアンスです。another two weeks の形容詞の another は数詞の前に使っているので「さらに、あと」の意味ですね。

③ Since the shop is having a special sale now, you might as well buy a new computer there.

意味▶ 今その店では特別セールをやっているので、そこで新しいコンピュータを買うといいでしょう。
なるほどポイント！▶ ここでの might as well は「〜するといいでしょうね／〜してみたらいいんじゃないの」くらいの意味です。このように、〈might as well *do*〉のパターンは日常会話で非常によく使われるので、しっかりマスターしておきましょう。

ボキャブラリー

ミニ会話 □ intermission 名 休憩時間
ミニ会話 □ beforehand 副 事前に
例文1 □ call it a day （仕事などを）終わりにする、切り上げる

パターン 51 〜した方がいいでしょう

パターン 52 〜はどう？／〜はいかが？

と言いたいときはコレ What do you say to 〜?

なるほど！こう考えればカンタンに使える

What do you say to 〜? は**提案**や**勧誘**を表すカジュアルな表現で、**「〜はどうですか／〜はいかがですか」**の意味を表します。会話の中では **What do you** が **Whaddya** [hwʌdəjə] のように発音されることがあります。この **to** は不定詞を導く **to** ではなく、**前置詞**の **to** なので、〜の部分には**名詞**または**動名詞**が来ます。

① to の後に名詞が続く
What do you say to a cup of coffee? （コーヒーを一杯どう？）

② to の後に動名詞が続く
What do you say to taking a rest? （一休みしてはどうかな？）

すぐにチェック！ミニ会話

M : What do you say to a coffee break now?
W : That'd be great.

男：そろそろコーヒーブレークにしようか？
女：いいわね。

> to の後に名詞の a coffee break が来ていますが、動名詞にして What do you say to having a coffee break now? としても OK です。あるいは、What do you say we have a coffee break now? と言うことも可能です。

使える！最も使える3例文

① What do you say to going for a drive to Karuizawa this weekend?

意味 この週末に軽井沢へドライブに行くのはどうかな？
なるほどポイント！ to の後に動名詞の going for a drive 〜が続いています。to の後には that 節を続けることもできるので（ただし that は省略した形で）、What do you say we go for a drive to Karuizawa this weekend? と言うことも可能です。

② What do you say to taking in a movie tonight?

意味 今夜映画に見に行くというのはどう？
なるほどポイント！ to 以下はもっと簡単に going to the movies tonight と言っても OK です。あるいは、What do you say we take in a movie tonight? や What do you say to a movie tonight? と言うこともできます。

③ What do you say to a week in Hawaii during spring break?

意味 春休みにハワイで一週間過ごすのはどう？
なるほどポイント！ to の後に名詞の a week が続いています。動名詞を使って What do you say to spending a week in Hawaii during spring break? と言ったり、that 節を使って What do you say we spend a week in Hawaii during spring break? と言っても OK です。

ボキャブラリー

例文2 ☐ take in 〜 （映画・名所などを）見に行く
例文3 ☐ spring break 春休み

パターン52 〜はどう？/〜はいかが？

表現の幅UP！ここで差がつく48パターン

パターン53 …が〜することを提案します / …が〜してはどうでしょう

と言いたいときはコレ I suggest (that) + 主語 + do 〜

なるほど！ こう考えればカンタンに使える

suggestのように**提案**を表す動詞や**勧告・要求**を表す動詞に続くthat節にはアメリカ英語では**仮定法現在**を使うのが普通で、主語の後に**動詞の原形**が来ます。イギリス英語でもこの用法は用いられますが、それよりも should + 動詞の原形 の方が使われることが多いようです。例：**I suggest (that) we discuss this matter again tomorrow.**（明日またこの件について話し合ってみてはどうでしょう）

提案を表す動詞には、recommend や advise などもあります。
例：**His dentist recommended (that) he floss his teeth daily.**（彼の歯科医は毎日歯間をデンタルフロスで掃除することを勧めました）

すぐにチェック！ ミニ会話

M：**Aerobics looks like fun.**
W：**Yes, it is a lot of fun. I suggest you give it a try.**

男：エアロビクスって楽しそうだね。
女：ええ、とても楽しいわよ。あなたも試してみるといいわ。

I suggest you give it a try. は、I suggest (that) you (should) give it a try. と書けば、すぐに意味も文の構造も理解できますよね。

使える！最も使える３例文

① I suggest you consult your lawyer about it.

意味 ▶ それについては弁護士に相談することを提案します。
なるほどポイント！ ▶ この文は「それについては弁護士に相談なさるといいですよ」と訳してもOKです。you の前の that は会話ではよく省略されます。suggest の後に that 節を使う代わりに、動名詞を使って、I suggest consulting your lawyer about it. と言うこともできます。

② If you go to Chicago, I suggest you visit the Sears Tower.

意味 ▶ シカゴに行くなら、シアーズ・タワーを訪れることをお勧めします。
なるほどポイント！ ▶ 「シカゴに行くなら、シアーズ・タワーがお勧めですよ」くらいに訳してもOKです。シアーズ・タワー（520メートル）はシカゴで一番高い超高層ビルです。シカゴは「建築の街」と呼ばれるだけあって、その他にも多くの摩天楼がそびえ立つ近代都市で、一度は訪れる価値があります。

③ The mayor suggested that the dilapidated building be torn down.

意味 ▶ 市長はその老朽化した建物は取り壊すことを提案しました。
なるほどポイント！ ▶ 主節の動詞が過去時制（suggested）ですが、仮定法現在の文では時制の一致が適用されないので、従属節（that 節）の動詞の形は変わりません。be の前に should を入れてもOKです。ここは受動態になっています。

ボキャブラリー

- **ミニ会話** □ give ~ a try　~を試してみる
- **例文1** □ consult 動　~に相談する
- **例文3** □ dilapidated 形　荒廃した
- **例文3** □ tear down ~　~を取り壊す

パターン53 …が~することを提案します / …が~してはどうでしょう

パターン54 ～するようにお勧めします / ～した方がいいですよ

と言いたいときはコレ → **I advise you to *do* ～**

なるほど！ こう考えればカンタンに使える

動詞 advise は **パターン53** のように、目的語に that 節を取って、that 節中の動詞を仮定法現在にすることができます。しかし、ここではそれ以上に会話の中で頻繁に用いられる**「to 不定詞を目的語に取る」**パターンを練習します。例：**I advise you to exercise more.**（もっと運動をすることをお勧めします / もっと運動すればよいと思いますよ）

advise には**「（人に）何かを強く勧める、助言や忠告をする」**ニュアンスがあり、日本語の「アドバイスする」よりも強い意味を含む語です。よって、**あまり親しくない間柄の人に使うと、押し付けがましい感じを与える**こともあるので、使い方に注意が必要です。

すぐにチェック！ ミニ会話

M: Can you recommend a good barbershop to me?
W: Sure. **I advise you to go** to the one at Northgate Mall.

男：よい理髪店を紹介してくれない？
女：いいわよ。ノースゲート・モールにある理髪店に行くのをお勧めするわ。

友達同士の会話なので、I advise you to *do* ～のパターンが問題なく使えるわけです。a good barbershop to me の to me は、無くても構いません。go to the one の one は、barbershop を指しています。

使える！最も使える3例文

① I definitely advise you to buy that dictionary.

意味 その辞書は絶対に買った方がいいよ。
なるほどポイント！ この文の意味は「私はあなたがその辞書を買うようにぜひお勧めします ⇒ その辞書は絶対に買った方がいいですよ」です。that 節を使えば、I definitely advise (that) you buy that dictionary. と表現できます。

② The doctor advised her to go on a diet and lose weight.

意味 医師はダイエットをして減量するように彼女にアドバイスしました。
なるほどポイント！ 「医師は彼女にダイエットをして減量してはどうかと言いました」と訳しても OK です。advised の後に that 節を使って、The doctor advised (that) she go on a diet and lose weight. と言うこともできます。

③ Mike advised me not to drink too much.

意味 マイクは私にお酒をあまり飲まないように忠告しました。
なるほどポイント！ この文の advised は「忠告しました / アドバイスしました」くらいに訳せばよいでしょう。不定詞を否定する not や never などの語は、to の直前に置くことを確認しておきましょう。Mike advised me against drinking too much. と言うことも可能です。

ボキャブラリー

ミニ会話	□ barbershop 名	理髪店
例文1	□ definitely 副	確かに、間違いなく
例文2	□ go on a diet	ダイエットをする
例文2	□ lose weight	減量する

パターン54 〜するようにお勧めします / 〜した方がいいですよ

パターン 55 (…は)〜するとよいでしょう

と言いたいときはコレ It would be a good idea (for 人) to do 〜

なるほど！ こう考えればカンタンに使える

It would be a good idea (for 人) to do 〜は「(…にとって)〜することは良い考えでしょう ⇒ (…は)〜するとよいでしょう」の意味です。相手を尊重しつつ、自分の意見を伝える丁寧な言い方です。例：**It would be a good idea to get a second opinion from another specialist.**（別の専門医からセカンドオピニオンを受けるとよいでしょう）

意味上の主語をはっきりと明示したい場合には、**(for 人)** を加えて、**It would be a good idea for her to get a second opinion from another specialist.**（**彼女は**別の専門医からセカンドオピニオンを受けるとよいでしょう）のように言います。

すぐにチェック！ ミニ会話

M：**How will I ever get better at writing?**
W：**It would be a good idea for you to take a writing class.**

男：どうすれば僕は文章を書くのがうまくなるんだろう？
女：ライティングのクラスを受講するとよいでしょうね。

相手に対する提案・助言を丁寧に言い表すのが、〈It would be a good idea (for 人) to do 〜〉のパターンですから、しっかりマスターしておきましょう。

使える！最も使える3例文

① It would be a good idea to book a flight ahead of time.

意味 飛行機の便を早めに予約するとよいでしょう。
なるほどポイント！ a good idea を good にして、It would be good to book a flight ahead of time. と言うこともできます。また、「～する方がもっとよいでしょう」というニュアンスを表したい時は、It would be better to book a flight ahead of time. と言えばいいですね。

② It would be a good idea for him to take some time to become familiar with the software.

意味 彼は少し時間をかけて、そのソフトウェアに慣れるとよいでしょう。
なるほどポイント！ would の代わりに、might を使った〈It might be a good idea (for 人) to do ～〉の形も会話でよく使われるので一緒に覚えておきましょう。これはより控えめな提案の言い方で「～してみるのもいいかもしれませんよ」の意味を表します。

③ It would be a good idea for you to buy your summer clothes at a thrift shop.

意味 あなたはリサイクルショップで夏服を買うとよいでしょう。
なるほどポイント！ 〈You might want to do ～〉（～するとよいかもしれませんよ）も覚えておくと便利です。例：You might want to talk to her about it.（そのことなら彼女に聞いてみるといいかもしれませんよ）この表現は押し付けがましい感じがなく丁寧で、相手の耳にスッと入って行きます。

ボキャブラリー

- 例文1 □ book 動 ～を予約する
- 例文1 □ ahead of time 前もって、早めに
- 例文3 □ thrift shop リサイクルショップ、中古品店

パターン55 （…は）～するとよいでしょう

パターン56 ～することが許されています

と言いたいときはコレ 主語 + be 動詞 + allowed to *do* ～

なるほど！ こう考えればカンタンに使える

動詞 allow は allow＋目的語＋to *do* ～の形でよく使われ、「…が～することを許す」の意味を表します。

例：**My parents allowed me to study abroad.**（両親は留学に行くのを許してくれました）

それを受動態にしたのが *be* **allowed to** *do* ～（～することが許されている / ～しても構わない）であり、会話の中では、**You are allowed to** *do* ～や **I'm allowed to** *do* ～の文でよく出てきます。

例：**You are allowed to go out with your friends now.**（今から友達と外出してもいいわよ）、**Am I allowed to park here?**（ここに駐車してもよろしいのでしょうか）

すぐにチェック！ ミニ会話

Ⓜ : **How many books am I allowed to check out at a time?**
Ⓦ : **You can check out up to ten.**

男：一度に何冊本を借りることができますか。
女：10冊まで貸し出しできますよ。

男性の質問に〈*be* allowed to *do* ～〉が使われています。これを利用すれば、You are allowed to check out as many books as you want.（好きなだけ本を借りることができますよ）とも言えますね。

使える！最も使える3例文

① Are we allowed to take photos in this museum?

意味 この博物館の中では写真を撮ってもよいのでしょうか。
なるほどポイント！ Are we allowed to do〜? は「（私たちは）〜することを許されていますか ⇒ 〜してもよいのでしょうか／〜しても構いませんか／〜しても問題ありませんか」の意味で使われます。「あることをしてよいかどうか」を尋ねる時によく使われる便利な表現パターンです。

② No one is allowed to smoke in this building.

意味 このビルの中は禁煙です。
なるほどポイント！ **パターン16** で扱った主語が No one [Nobody] の文の復習です。「誰も〜することは許されていません ⇒ 〜することは禁止されています」という意味になります。図書館などでは、No one is allowed to eat or drink here.（ここでは飲み食いはできませんよ）と言われるでしょうね。

③ Are students allowed to skip grades in Japan if they are exceptionally smart?

意味 日本では並外れて賢い生徒の場合、飛び級をすることは許されていますか。
なるほどポイント！ 飛び級（grade-skipping）が当然の国アメリカと比べて、日本はかなり事情が違うようです。もしも、どんなに賢くても飛び級はできないのであれば、Nobody is allowed to skip grades. と言えばよいですね。

ボキャブラリー

ミニ会話	□ check out 〜	（図書館などから）〜を借りる
例文3	□ skip a grade	（1年）飛び級をする
例文3	□ exceptionally	副 並外れて、特別に

パターン56 〜することが許されています

パターン 57 必ず〜してください / きっと〜してください

と言いたいときはコレ Be sure to *do* 〜

なるほど！ こう考えればカンタンに使える

Be sure to *do* 〜は、**相手に念を押す時**によく使われる表現で、**「必ず（きっと）〜してください / 〜するように気をつけてください」**の意味を表します。相手が子供や目下の場合は、日本語の**「必ず〜しなさい / きっと〜するんだよ」**に相当します。

一方、相手が対等の場合は、**「必ず（きっと）〜してください（ね）」**くらいの意味を表します。例：**Be sure to get home before nine.**（9時前に必ず帰って来てね）、**Be sure to take good care of yourself.**（くれぐれもお体を大切にね）

ただし、ビジネスなどで、**できるだけ丁寧な言い回し**を使いたい場合には、文頭に **Please** を付けて、**Please be sure to *do* 〜**と表現するのが無難です。

すぐにチェック！ ミニ会話

W: **Be sure to call** me when you get to the station.
M: Okay, I'll do that.

女：駅に着いたら、必ず電話してね。
男：うん、そうするよ。

> 友達同士の会話です。この場合の〈Be sure to *do* 〜〉は「必ず〜してね / ちゃんと〜してよ」くらいの意味ですね。

使える！最も使える3例文

① Be sure to set the alarm for seven thirty.

意味▶ 目覚ましを必ず7時30分にセットしておきなさいよ。
なるほどポイント！▶ 「必ず～しなさい」は、〈Be sure to do ～〉以外にも、Don't forget to do ～や Don't fail to do ～を使って表現することが可能です。例：Don't forget [fail] to set the alarm for seven thirty.

② Be sure to lock the door when you go out.

意味▶ 出かける時は戸締まりをするように気をつけてね。
なるほどポイント！▶ 〈Be sure to do ～〉の略式表現の〈Be sure and do ～〉も会話でよく使われますので、一緒に覚えておきましょう。Be sure and lock the door when you go out. のように使います。when you go out の代わりに、when you leave home と言っても OK です。

③ Please be sure to read the fine print before you sign the contract.

意味▶ 契約書に署名する前に、必ず但し書きをお読みください。
なるほどポイント！▶ Be sure to read the fine print ～と言っても言い方さえ丁寧であれば、形は命令形であれ、全然失礼には聞こえないのですが、目上の人やビジネス相手に対しては、文頭に Please を付けて言うのが無難でしょう。

ボキャブラリー

例文1 □ set the alarm (clock) 目覚ましをセットする
例文3 □ fine print 但し書き、細則
例文3 □ contract 名 契約（書）

パターン57 必ず～してください / きっと～してください

パターン 58 ～することに決めました / ～することにしました

と言いたいときはコレ 主語 +(have / has)+decided to *do* ～

なるほど！ こう考えればカンタンに使える

　他動詞の decide は目的語として動名詞ではなく、**to 不定詞**を取るため、**decide to *do* ～**の形で使います。いろんな時制で使われますが、最も頻度が高いのが**過去形**と**現在完了形**の2つです。そこで、ここでは 主語 +decided to *do* ～ と 主語 +have / has+decided to *do* ～の2つのパターンを扱います。例：**He (has) decided to start his own company.**（彼は自分の会社を立ち上げることにしました）

　なお、自動詞 decide の後に前置詞 on を付けて、**decide on doing ～**の形にしても同じことを表現できますが、これは特に多くの選択肢の中から1つを選択をして決めるというニュアンスがあります。

すぐにチェック！ ミニ会話

Ⓜ : **I've decided to drop** out of college.
Ⓦ : **What? You don't mean it, do you?**

男：大学を辞めることにしたよ。
女：えっ？うそでしょ？

現在完了形の I've decided to *do* ～は「とうとう～することに決めたよ」の意味です。You don't mean it, do you?（うそでしょ？冗談でしょ？）の代わりに、You must be kidding. と言ってもOKです。

使える！ 最も使える3例文

① Lucy decided to take part in the hula contest.

意味 ルーシーはそのフラダンス・コンテストに参加することに決めました。
なるほどポイント！ decide は to 不定詞を目的語とする動詞ですが、さらに that 節を目的語にすることもできます。よって、この文も Lucy decided that she would take part in the hula contest. と言い換えることができます。

② I've decided to change my plans and extend my contract.

意味 私は計画を変更して契約を延長することにしました。
なるほどポイント！ 現在完了を使っていますので、「いろいろと考えた結果、やっと~することにした」というニュアンスです。extend my contract の前には to が省略されています。

③ Mr. Brown decided not to run for mayor this time.

意味 ブラウン氏は今回の市長選には出馬しないことに決めました。
なるほどポイント！ 不定詞の否定形は、否定語を不定詞の直前につけるというルールでしたね。そのルールを覚えておけば、Why did Mr. Brown decide not to run for mayor this time?（なぜブラウン氏は今回の市長選に出馬しないことに決めたのですか）の場合も、文の構造が簡単に理解できますね。

ボキャブラリー

- **ミニ会話** □ drop out of ~　~を中退する
- **例文1** □ take part in ~　~に参加する
- **例文2** □ extend 動　~を延長する
- **例文3** □ run for ~　~に立候補する
- **例文3** □ mayor 名　市長

パターン58 ~することに決めました / ~することにしました

パターン59 〜するつもりです

と言いたいときはコレ **主語** ＋ **mean to *do* 〜**

なるほど！ こう考えればカンタンに使える

動詞 **mean** は **to 不定詞**を目的語とする他動詞で、**mean to *do* 〜**（**〜するつもりだ**）の形で使います。主語自身の意図をはっきりと表す表現です。肯定文、疑問文、否定文のいずれにもよく使います。会話の中でとても便利なパターンなので、しっかりマスターしておきましょう。

①肯定文
I mean to say he is very flexible. （彼は非常に融通が利く人だと言いたいのです）

②疑問文
Do you mean to say that you are getting married?
（あなたは結婚するということですか？）

③否定文
I didn't mean to say so. （そのように言うつもりはありませんでした）

すぐにチェック！ ミニ会話

W: Why did you ignore me?
M: I'm sorry. I didn't mean to.

女: どうして私を無視したの？
男: ごめんね。そういうつもりではなかったんだ。

I didn't mean to の後には、ignore you が省略されています。〈I didn't mean to *do* 〜〉は、「言い訳」をする際によく使います。I'm sorry. を最初に言えば、さらに謝罪の説得力が増します。

使える！最も使える3例文

① I've been meaning to ask you about it.

意味 ずっとあなたにそのことについて聞こうと思っていたんです。
なるほどポイント！ この文は〈mean to *do* 〜〉を現在完了進行形にしたものです。〈have been meaning to *do* 〜〉で「前からずっと〜しようと思っていました」の意味を表します。よって、I've been meaning to call you. なら「ずっとお電話しようと思っていたんです」という意味になりますね。

② Do you mean to tell me you've never been in love?

意味 あなたはこれまで一度も恋愛したことがないとおっしゃるのですか。
なるほどポイント！ 〈Do you mean to *do* 〜?〉は「あなたは私に〜だと言うつもりですか ⇒ あなたは〜とおっしゃるのですか」の意味です。相手の言ったことがはっきりとわからなくて確認したい時や、相手の言ったことに驚いて聞き返す時に使える便利なフレーズです。

③ I didn't mean to take it out on you.

意味 あなたに八つ当たりするつもりはありませんでした。
なるほどポイント！ 〈I didn't mean to *do* 〜〉(〜するつもりはありませんでした) を使えば、相手に迷惑をかけた時、相手に誤解されてしまった時に、きちんと自分の本心を伝えることができます。

ボキャブラリー

ミニ会話 □ ignore 動 〜を無視する
例文2 □ in love 恋して、恋愛中で
例文3 □ take it out on 〜 〜に八つ当たりをする

パターン59 〜するつもりです

パターン 60 ～することになっています / ～しなければなりません

と言いたいときはコレ 主語 + be動詞 + supposed to *do* ～

なるほど！ こう考えればカンタンに使える

be supposed to *do* ～は、主に**予定・義務**を表す表現で、**「～することになっている / ～しなければならない」**の意味を表します。**supposed to** の部分は会話の中では、通常 [səpóustə] と発音されます。

①予定

She is supposed to come here at eight.
(彼女は8時にここに来ることになっています)

※これを過去形にして、**She was supposed to come here at eight.** とすると、「～するはずだった（のに～しなかった）」という意味で解釈されるのが普通です。

②義務

You're supposed to be in bed today. (今日あなたは寝ていなければなりません)

すぐにチェック！ ミニ会話

Ⓜ : **You have a cataract in your left eye.**
Ⓦ : **Well, what am I supposed to do, Doctor?**

男：左目が白内障ですねえ。
女：それでは、先生、どうすればいいのですか。

> What am I supposed to do?（私はどうしたらいいのでしょうか / どうすればいいの？）は、What should I do? と同じ意味の決まり文句です。

使える！最も使える３例文

① What time is her flight supposed to land in Seattle?

意味 彼女の飛行機はシアトルに何時に到着の予定ですか。
なるほどポイント！ これは「予定」を表す〈be supposed to do ～〉の例です。この質問に対する返答としては、It's supposed to land at 2:30. となります。もちろん、should を用いて、It should land at 2:30. と言っても OK です。

② We're supposed to write two 10-page papers in this class this semester.

意味 今学期私たちはこのクラスで 10 ページのレポートを 2 つ書かなければなりません。
なるほどポイント！ この文の日本語訳は「～を 2 つ書かなければなりません」と「～を 2 つ書くことになっています」のどちらでも構いません。結局は、「義務・責任・任務＝予定」を伝える、同じ内容のメッセージになるからです。

③ You're not supposed to wear jeans to the office.

意味 ジーパンを履いて、出社してはいけません。
なるほどポイント！ not を付けた否定文では「～してはいけないことになっています ⇒ ～してはいけません」の意味になります。You're not supposed to do ～は、You shouldn't do ～と同じ意味を表すわけです。

ボキャブラリー

ミニ会話 □ cataract 名 白内障
例文1 □ land 動 着陸する
例文2 □ semester 名 学期
例文3 □ jeans 名 ジーンズ、ジーパン

パターン60 ～することになっています / ～しなければなりません

パターン 61 ～することになっています / ～しなければなりません

と言いたいときはコレ → 主語 + be動詞 + to do ～

なるほど！ こう考えればカンタンに使える

be + to 不定詞 は少しかしこまった言い方ですが、会話の中でもよく使われるパターンです。**予定・義務・命令・可能・運命**などの意味を表しますが、ここでは**「予定」**と**「義務・命令」**に絞って練習します。

①「～することになっている／～する予定だ」（予定）

The athletic meeting **is to be** held next Saturday.
（運動会は来週の土曜日に行われる予定です）

②「～すべきである／～しなければならない」（義務・命令）

You **are to contact** him as soon as possible.
（あなたは彼に早急に連絡すべきです）
You **are to head** home before it gets dark.
（暗くならないうちに、家に帰らなければなりません）

すぐにチェック！ ミニ会話

W: So, where are you guys going to meet tomorrow?
M: **We are to meet** in the hotel lobby.

女：で、あなたたちは明日どこで会う予定なの？
男：ホテルのロビーで会うことになっているんだ。

> We are to meet ～は、「予定」を表す〈be + to 不定詞〉の例です。〈be動詞 + to〉で助動詞と同じような働きをすると考えてもよいでしょう。

使える！最も使える3例文

① The charity concert is to take place on Friday, May 27.

意味 そのチャリティーコンサートは5月27日の金曜日に開かれることになっています。

なるほどポイント！ この文は「予定」を表しています。to take place の部分を受動態の to be held にして、The charity concert is to be held on Friday, May 27. と言うことも可能です。

② You are to return the application form no later than April 14th.

意味 申込書は遅くとも4月14日までに返送しなければなりません。

なるほどポイント！ この文は「義務・命令」を表しています。この場合は、特に規則について用いる〈be＋to 不定詞〉の例と言ってもよいでしょう。

③ You are not to speak to anyone about this.

意味 このことは誰にも言ってはいけません。

なるほどポイント！ この文も「義務・命令」を表しています。否定語 not を付ける場合は、〈be＋not＋to 不定詞〉の形になります。この文は、Please don't talk to anyone about this. や I'm asking you not to speak to anyone about this. に言い換えが可能です。

ボキャブラリー

- 例文1 □ take place　行われる、開催される
- 例文2 □ application form　申込書、申請書
- 例文2 □ no later than　遅くとも～までに

パターン61 〜することになっています／〜しなければなりません

パターン 62 ～してしまった…です

と言いたいときはコレ 主語 + 動詞 + to have + 過去分詞

なるほど！ こう考えればカンタンに使える

to have + 過去分詞 を**完了不定詞**と言います。不定詞自体には時制はありませんが、この形を使えば、文の述語動詞の示す時よりも以前の時であることを表すことができます。例えば、**He seems to live in New York.** は「彼は**（今）**ニューヨークに住んでいるようです」の意味ですが、**He seems to have lived in New York.** とすれば、「彼は**（以前）**ニューヨークに住んでいたようです」となるわけです。

ただし、**She seems to have lost her way.** のような文は、**to have lost** の部分を過去の出来事と捉えるのか、それとも現在ともつながりを持っている現在完了なのか、その解釈は**文脈で判断する**しかありません。

すぐにチェック！ ミニ会話

W: **This Bible appears to have been used for a long time.**
M: **Oh yeah. That's because my father got it from his father, and now I'm using it.**

女：この聖書は長い間使われてきたように見えるわね。
男：そりゃそうだよ。だって、うちの父が自分の父親からもらったものを今僕が使っているんだからね。

> This Bible appears to have been used ～の文は、述語動詞が現在で、〈to have been used〉の完了不定詞の部分が「今もずっと続いて使われている」という現在完了形（継続）に相当する内容を表しています。

使える！ 最も使える3例文

① It turns out to have been a major mistake.

意味 結局それは大きなミスであったことが判明しています。
なるほどポイント！ すでに判明しているのは現在のことですが、大きなミスであったことは過去の出来事なので、〈to have been〉の完了不定詞が使われています。「大きなミス」は、a major mistake の他、a big mistake や a huge mistake とも言います。

② I'm sorry not to have replied to you sooner.

意味 もっと早くお返事を差し上げず、すみませんでした。
なるほどポイント！ この文は that 節を用いて言い換えると、I'm sorry that I haven't replied to you sooner. となります。I'm sorry の後に完了不定詞が続く I'm sorry to have kept you waiting.（お待たせして申し訳ございません）も会話でよく使うフレーズなので、覚えておきましょう。

③ Julian pretended to have heard the music before.

意味 ジュリアンはその音楽を以前聞いたことがあるふりをしました。
なるほどポイント！ この文の場合は、「ふりをした（pretended）」という過去よりも「聞いた（to have heard）」ことの方がさらに前に起きたことを表しているわけですね。

―― ボキャブラリー ――

例文1 □ major 形 大きい、深刻な
例文2 □ reply to 〜 〜に返信する
例文3 □ pretend 動 〜のふりをする

パターン62 〜してしまった…です

パターン 63 …すると〜 / …なので〜

と言いたいときはコレ → 現在分詞 / 過去分詞 …, 〜

なるほど！ こう考えればカンタンに使える

副詞節や等位節の代わりに、**分詞（現在分詞 / 過去分詞）**を用いて文を短縮する構文を**「分詞構文」**と言います。主に書き言葉で使われますが、会話の中でも使われます。**時、理由、付帯状況**を表すものが多いです。

① **時**：**Walking**（= When I was walking）**down the street, I ran into my ex-boyfriend.**（街を歩いていると、元カレにばったり出くわしました）

② **理由**：**Written**（= Since it is written）**in simple English, this book is suitable for beginners.**（簡単な英語で書かれているので、この本は初心者に適しています）

③ **付帯状況**：**The hurricane hit the city, causing**（= and caused）**great damage.**（ハリケーンがその市を襲い、大被害を与えました）

すぐにチェック！ ミニ会話

W : Why the cast? What happened to your leg?
M : While skiing last Saturday, I sprained my ankle pretty badly.

女：なんでギプスしてるの？その足、どうしたの？
男：先週の土曜日にスキーをしている時に、足首をかなりひどくくじいたんだ。

分詞構文の意味は、時に曖昧になることがあります。そこで、意味を明覚にするために、この文のように分詞の前に接続詞（While や When など）を置くことがあります。

使える！最も使える３例文

① Seen from a distance, the mountain looks like a pyramid.

意味 遠くから見ると、その山はピラミッドのように見えます。
なるほどポイント！ 受け身の動作・状態を表す分詞構文には、受動態の分詞〈being＋過去分詞〉を用います。being が文頭に来る時には、being を省略するので、Being seen from a distance は Seen from a distance となります。

② Not knowing what to do, I asked Ted for help.

意味 どうしたらよいかわからなかったので、私はテッドに助けを求めました。
なるほどポイント！ not や never などの否定語は分詞の直前に置きます。接続詞を使えば、Because I didn't know what to do, ～となります。この分詞構文を応用すれば、Not knowing what to say, I kept silent.（私は何を言うべきかわからなかったので、黙っていました）も簡単に言えますね。

③ Having lived in Japan for over twenty years, she can speak, read and write Japanese very well.

意味 彼女は日本に20年以上住んでいるので、日本語を話すのも、読み書きもとても上手です。
なるほどポイント！ 完了形の分詞構文〈having＋過去分詞〉は、主節の述語動詞よりも前の時を表します。よって、この文を接続詞を使って表現すれば、Because she has lived in Japan for over twenty years, ～となります。

―― ボキャブラリー ――

- ミニ会話 □ sprain 動 ～を捻挫する、くじく
- ミニ会話 □ ankle 名 足首、くるぶし
- 例文1 □ from a distance 遠くから
- 例文1 □ pyramid 名 ピラミッド

パターン63 …すると～／…なので～

パターン 64

～してもらいました / ～されました

と言いたいときはコレ → 主語 + had [got] + 目的語 + 過去分詞

なるほど！ こう考えればカンタンに使える

have [get] + 目的語 + 過去分詞 には、**使役・受動・完了**の3つの意味を表す用法があります。

①「～してもらう /～させる」（使役）
I **had** my car **fixed**. （私は自動車を修理してもらいました）

②「～される」（受動）
I **got** my wallet **stolen**. （私は財布を盗まれました）

③「～してしまっている」（完了）
I **had** my plans **made**. （私は計画を立ててしまっていました）

ここでは、会話の中で特によく用いられる**使役**と**受動**を扱います。**have** よりも **get** の方がくだけた語なので、会話の中では **get** がより頻繁に用いられます。過去形だけでなく、いろんな時制で練習してみましょう。

すぐにチェック！ ミニ会話

W: Did you get your hair cut, Sam?
M: Yes, I did. How do I look?

女：サム、あなた髪を切ったの？
男：うん、そうだよ。どう？

Did you get your hair cut? は「髪を誰かに切ってもらいましたか？」の意味です。I cut my hair.（私は自分で髪を切った）と I had [got] my hair cut.（私は [理髪店で] 髪を切ってもらった）は全然違いますよ。

使える！ 最も使える3例文

① She just recently had her house remodeled.

意味 彼女はつい最近家を改装したばかりです。
なるほどポイント！ 副詞の just recently（つい最近）を除外して考えるとわかりやすいのですが、〈had＋her house（目的語）＋remodeled（過去分詞）〉の形になっています。had は got にしても OK です。

② I'll have my fingers crossed for you.

意味 あなたの成功を祈ってますよ。
なるほどポイント！ 「あなたのために私の指をクロスさせますからね ⇒ あなたの成功のために祈ってますよ」の意味の決まり文句です。人差し指と中指をクロスして十字架を作り、相手の幸運を願うという意味です。この決まり文句の場合、have の代わりに keep は OK ですが、get を使うことはありません。

③ We got our roof blown off in the storm last night.

意味 昨夜の暴風雨で私たちの家の屋根は吹き飛ばされました。
なるほどポイント！ 被害を表す「受動」（〜された）の例です。〈got [had]＋our roof（目的語）＋blown（過去分詞）〉の形になっていますね。

― ボキャブラリー ―

例文1 □ remodel 動 〜をリフォームする
例文3 □ blow off 〜 〜を吹き飛ばす

パターン64 〜してもらいました／〜されました

パターン 65 …に〜してもらいました / …に〜させました

と言いたいときはコレ 主語 ＋ had ＋ 人 ＋ *do* 〜

なるほど！ こう考えればカンタンに使える

使役動詞の **have** を使った **have＋人＋*do*〜** は「（人）に〜してもらう/〜させる」の意味を表します。大切なのは、**人（＝目的語）** の後に **「動詞の原形」** が来るという点です。例：**I had my friend help me with my homework.**（私は宿題を友達に手伝ってもらいました）、**My mother had me clean the living room.**（母は私にリビングルームの掃除をさせました）

have の代わりに、**get** を使っても使役の意味を表せますが、**get＋人（＝目的語）＋to 不定詞** の形になることに注意しましょう。**My mother got me to clean the living room.**（me の後は to 不定詞）

すぐにチェック！ ミニ会話

W: **How is your back? Does it still hurt?**
M: **I had the doctor look at it this morning, and he said it wasn't serious.**

女：背中はどう？まだ痛むの？
男：今朝医者に診てもらったんだけど、大したことはないって言われたよ。

it は my back のことを指しています。〈have＋人＋*do*〜〉の意味は文脈の中で判断するしかありません。医師に「背中を診させた」ということはないので、常識的に「背中を診てもらった」と理解できますね。

使える！最も使える３例文

① I had my lawyer draw up the agreement.

意味▶ 私はその契約書を弁護士に作成してもらいました。
なるほどポイント！▶ この文は文脈から「〜してもらった」と意味だと判断がつきます。**パターン64**で習った〈主語＋had［got］＋目的語＋過去分詞〉を使えば、I had［got］the agreement drawn up by my lawyer. と言うこともできます。

② I'll have him call you back later.

意味▶ 彼にのちほど折り返し電話をさせます。
なるほどポイント！▶ will を使って未来を表してみましょう。この文は、電話がかかってきたけれども、今彼が不在である場合に使える便利なフレーズです。あるいは、Should［Can/Shall］I have him call you back later?（彼に後で折り返し電話をさせましょうか）と尋ねることもできます。

③ I'll have my secretary translate this letter into English.

意味▶ 私は秘書にこの手紙を英訳させます。
なるほどポイント！▶ この文の場合は、have の後の目的語に my secretary（自分の秘書）が来ているので、「英訳させます」「英訳してもらいます」のいずれに訳してもよいでしょう。have の代わりに get を使う場合は、I'll get my secretary to translate this letter into English. となります。

ボキャブラリー

例文1 □ draw up 〜　〜を作成する
例文1 □ translate 〜 into English　〜を英語に翻訳する

パターン65　…に〜してもらいました / …に〜させました

パターン66 もし…なら、〜でしょうに

と言いたいときはコレ If + 主語 + 動詞の過去形 ..., 主語 + 助動詞の過去形 + 動詞の原形 〜

なるほど！ こう考えればカンタンに使える

If + 主語 + 過去形 / were ..., 主語 + would [could, might, should] + 動詞の原形 〜（もし…なら、〜でしょうに）は、**仮定法過去**のパターンです。**条件節**（if 節）には 一般動詞の過去形 か be 動詞の were が、**帰結節**（主節）には 助動詞の過去形 + 動詞の原形 が使われます。

仮定法過去には2つの用法があります。

①現実の事実と矛盾する事柄を表す
If I knew his phone number, I would call him.
（彼の電話番号を知っていたら、彼に電話をかけるのですが）

②現実に起こる可能性が乏しいことを表す
If he were rich, he could buy a brand-new car.
（彼がお金持ちであれば、新車を買うことができるのですが）

すぐにチェック！ ミニ会話

W : **Professor Morgan mumbles and it's very hard to understand him.**
M : **If I were you, I'd talk to him directly about it.**

女：モーガン教授はもごもご話すから、理解するのがとても難しいわ。
男：僕だったら、直接先生にそのことを言いにいくけどなあ。

口語では主語が1人称単数・3人称単数の場合、was を使うこともあります。よって、If I was you でも OK です。この会話では If I were you は文脈でわかり切っていることなので、if 節すべてを省略することも可能です。

使える！最も使える3例文

① If I had more money, I would buy a bigger house.

意味▶ もっとお金があれば、より大きな家を買うでしょう。
なるほどポイント！▶ 現在の事実に反する仮定法過去の文です。仮定法過去の帰結節には必ず助動詞の過去形が用いられます。最も頻繁に用いられるのは would で、その次が could です。この文の場合は、帰結節を I could buy a bigger house（より大きな家を買えるでしょう）とすることも可能です。

② If it were not raining, we would be able to go on a hike.

意味▶ 雨が降っていなければ、ハイキングに行けるのですが。
なるほどポイント！▶ 現在実際に雨が降っているという事実に反する仮定法過去の文です。この文は、会話の中でもっとくだけた言い方にすれば、If it wasn't raining, we could go on a hike. のようになります。

③ If you got one year off from work with full pay, what would you want to do?

意味▶ もし有給で1年間仕事を休めるとしたら、何がしたいですか。
なるほどポイント！▶ 現在または未来について現実に起こる可能性はまずないことを表す仮定法過去の文です。この文に対する返答は、I would like to travel around the world.（私なら世界一周旅行をしたいですね）のようになります。

― ボキャブラリー ―

例文2 ☐ go on a hike　ハイキングに行く（＝ go hiking）
例文3 ☐ with full pay　給与の全額をもらって ⇒ 有給で

パターン66 もし…なら、〜でしょうに

パターン67 もし…していたら、～であったでしょうに

と言いたいときはコレ If+ 主語 +had+ 動詞の過去分詞 ..., 主語 + 助動詞の過去形 +have+ 動詞の過去分詞 ～

なるほど！こう考えればカンタンに使える

If+ 主語 +had+ 動詞の過去分詞 ..., 主語 +would〔could, might, should〕+have+ 動詞の過去分詞 ～（もし〔あのとき〕…していたら、～であったでしょうに）は、過去の事実の反対や想像を表す**仮定法過去完了**のパターンです。if 節（条件節）には 動詞の過去完了形 **（had+動詞の過去分詞）**が、主節（帰結節）には 助動詞の過去形 +have+ 動詞の過去分詞 が使われます。

条件節と帰結節の形に注意しながら、次の文を見てみましょう。

例：**If I had known** his e-mail address, **I would have e-mailed him.**（彼のEメールアドレスを知っていたら、彼にメールを送っていたことでしょう）

すぐにチェック！ミニ会話

W: If you hadn't stayed up late last night, you wouldn't have overslept this morning.

M: You're right. I asked for it.

女：ゆうべ遅くまで起きていなかったら、今朝寝過ごすことはなかったのに。
男：君の言う通りだ。自業自得だよ。

女性の発言には、条件節と帰結節ともに否定形が使われています。また、会話の中では大抵このように省略形（had not → hadn't / would not → wouldn't）が使われるので、それにも慣れておくことが大切です。

使える！最も使える３例文

① If you had left home earlier, you could have caught the bus.

意味 家をもっと早めに出ていたら、あなたはバスに間に合っていたことでしょう。
なるほどポイント！ この文は過去の事実に反対の仮定を表します。早く家を出なかったために、バスに間に合わなかったわけです。この場合、could を would にしてもほとんど意味は変わりません。他の言い方をするなら、Because you didn't leave home earlier, you couldn't catch the bus. となります。

② If I had been more sensible, I would have avoided the heavy traffic.

意味 もう少し気を利かしていたなら、交通渋滞を避けられたでしょう。
なるほどポイント！ 結局、交通渋滞に巻き込まれた人のセリフです。この文の場合、would を should（避けれたはずです）にしてもほとんど意味は変わりません。

③ If it hadn't been snowing that heavily, I could have gone there by car.

意味 雪があれほどひどく降っていなかったら、私はそこに車で行くことができたでしょう。
なるほどポイント！ If 節の it はもちろん、天候を表す非人称の it です。この文は、if 節に否定（hadn't = had not）が使われた例です。Since it was snowing that heavily, I couldn't go there by car. と言い換えが可能です。

ボキャブラリー

ミニ会話 □ oversleep 動 寝過ごす
例文2 □ sensible 形 分別のある、賢明な、気が利く

パターン 67 もし…していたら、〜であったでしょうに

パターン 68 もし…していたら、〜でしょうに

と言いたいときはコレ If+ 主語 +had+ 動詞の過去分詞 ..., 主語 + 助動詞の過去形 + 動詞の原形 〜

なるほど！ こう考えればカンタンに使える

仮定法の基本形は仮定法過去と仮定法過去完了の2つですが、時にはその2つをミックスした **If+ 主語 +had+ 動詞の過去分詞 ..., 主語 +would [could, might, should]+ 動詞の原形 〜**（もし [あのとき] …していたら、[今は] 〜でしょうに）の形も使われます。これは**「仮定法混合型」**と呼ばれ、**条件節に過去完了形、帰結節に過去形**が使われます。

よって、この型では、条件節が過去の事実の反対・想像を表すのに対して、帰結節は現在の事実の反対のことを表します。

例：**If he had taken the medicine yesterday, he might be better by now.**（もし彼が昨日薬を飲んでいたら、今頃はよくなっているかもしれません）

すぐにチェック！ ミニ会話

Ⓜ：**Junko ended up not studying abroad last year, didn't she?**
Ⓦ：**Exactly. If she had studied in the States, she could be speaking English very well now.**

男：結局、淳子は去年留学をしなかったんだよね？
女：そうよ。もしも彼女がアメリカに留学していたら、今頃とても上手に英語を話せるでしょうけど。

「淳子は去年結局アメリカ留学をしなかったので、今も英語を上手く話すことはできない（もったいないなあ）」と女性はコメントしています。she could be speaking は she would be speaking と言ってもOKです。

使える！最も使える3例文

① If Matt had taken the airplane, he wouldn't be alive today.

意味 もしマットがその飛行機に乗っていたなら、今日彼は生きていないでしょう。

なるほどポイント！ 例えば、その飛行機が墜落して多数の乗客が亡くなったとします。その飛行機にたまたま乗り遅れたマットのことを、この文はコメントしています。他の言い方をすれば、Since Matt didn't take the airplane, he is alive today. となります。

② If Mary hadn't broken her leg last week, she would be skiing with us now.

意味 もしメアリーが先週足を骨折しなかったら、今頃彼女は私たちと一緒にスキーをしているでしょう。

なるほどポイント！ メアリーが骨折したのは過去（先週）のこと、スキーをしていないのは現在（今）のことですね。条件節（過去完了形）と帰結節（過去形）の形を完全にマスターしておきましょう。

③ Nick would be a junior now if he had gone to college right after high school.

意味 もしニックが高校卒業後すぐに大学に入っていたら、もう3年生になっているでしょう。

なるほどポイント！ 仮定法は過去、過去完了、混合型共に if の付いた条件節は必ずしも文頭に持っていく必要はなく、この文のように後に置いても構いません。会話の中ではもちろん、条件節が最初に来るケースの方が多いわけですが、どちらのケースにも慣れておく必要があります。

ボキャブラリー

ミニ会話 □ end up 〜　結局〜になる
ミニ会話 □ study abroad　海外留学する

パターン68 もし…していたら、〜でしょうに

パターン 69 〜がなかったら

と言いたいときはコレ If it were not [had not been] for 〜

なるほど！ こう考えればカンタンに使える

「**もし〜がなかったら**」という意味で、**If it were not for 〜**は**現在の事実の反対**を、**If it had not been for 〜**は**過去の事実の反対**を表します。どちらも少し文語的な表現と言われますが、実際の会話の中で使われることがあるので、しっかりマスターしておくことが大切です。

会話の場合はどちらも省略形を用いて、**If it weren't for 〜**、**If it hadn't been for 〜**の形で使われるのが普通です。例：**If it weren't for your help, I would fail.**（あなたの助けがなければ、私は失敗するでしょう）、**If it hadn't been for your help, I would have failed.**（あなたの助けがなかったならば、私は失敗していたことでしょう）

すぐにチェック！ ミニ会話

W: **We easily forget how important water is in our lives.**
M: **If it weren't for water, no creature could live on the earth.**

女：私たちって水が生活の中でどれほど大切なのかをすぐに忘れてしまうのよね。
男：もしも水がなかったら、どんな生き物も地球上に生存できないだろうね。

仮定法過去の文です。If it weren't for 〜は、口語で少しくだけて If it wasn't for 〜で使われることもあります。

使える！最も使える3例文

① If it weren't for your advice, I would be at a loss what to do.

意味 あなたの助言がなければ、私はどうすればよいのか困るでしょう。

なるほどポイント！ If it were not for 〜と If it had not been for 〜は、if を省略することができます。その場合は倒置が生じるので、この文であれば、Were it not for your advice, I would be at a loss what to do. となります。ただし、このように if を省略すると、より堅い調子になります。

② We would have reached our destination much earlier if it hadn't been for the traffic jam.

意味 もし交通渋滞がなかったら、私たちは目的地にもっと早く到着していたことでしょう。

なるほどポイント！ 仮定法過去完了の文です。ここでは条件節が後に置かれています。条件節は without や but for 〜（〜がなければ / 〜がなかったら）で言い換えることができます。よって、We would have reached our destination much earlier without [but for] the traffic jam. とも言えます。

③ If it hadn't been for my parents' emotional support, I couldn't be what I am today.

意味 両親の精神的支えがなかったら、今日の私は存在しなかったことでしょう。

なるほどポイント！ 仮定法混合型の文です。この文の条件節も Without my parents' moral support, や But for my parent's moral support, に言い換え可能です。without と but for は動詞の時制を考える必要がないので、とても便利です。

ボキャブラリー

- **ミニ会話** □ creature 名 生き物、生物
- **例文1** □ at a loss 困って、途方に暮れて
- **例文3** □ emotional support 精神的支援、心の支え（= moral support）

パターン69 〜がなかったら

パターン 70 〜であればよいのになあ / 〜であったらよかったのになあ

と言いたいときはコレ ▶ **I wish (that) 〜**

なるほど！ こう考えればカンタンに使える

I wish に続く**名詞節（that 節）**では**仮定法**が使われます。会話の中ではほとんど that は省略されます。**I wish (that)** の後には、**仮定法過去**と**仮定法過去完了**のどちらかが用いられます。

①現在または未来の現実に反する願望（仮定法過去）

I wish I were an only child. （一人っ子だったらいいのになあ）
※くだけた言い方ならば、**I wish I was an only child.** になります。

②過去の現実に反する願望（仮定法過去完了）

I wish I had studied harder. （もっと一生懸命に勉強していたらよかったなあ）
= **I'm sorry that I didn't study hard.** （一生懸命に勉強しなくて残念です）

すぐにチェック！ ミニ会話

W : Keith, I could use your help.
M : **I wish I could help** you, but I'm too busy now.

女：キース、助けてもらえると有り難いんだけど。
男：お役に立てればいいんだけど、今はてんてこ舞いなんだ。

> I could [can] use do 〜は「〜があると助かるんだけど」の意味です。I wish I could help you.（お役に立てなくてすみません）は、I'm sorry I can't help you. の婉曲表現です。単に I wish I could. と言っても OK です。

使える！ 最も使える３例文

① I wish I had more time and money.

意味 もっと時間とお金があればなあ。
なるほどポイント！ この文は、I wish の後に仮定法過去が使われています。誰だってこんなことを言いますよね。「英語を勉強する時間がない」なんてボヤいている人なら、I wish I had more time to study English. と言えそうです。

② I really wish I had bought a ticket for tomorrow's game.

意味 明日の試合のチケットを買っておけばよかった、と本当に思います。
なるほどポイント！ この文は、I wish の後に仮定法過去完了が使われています。明日の試合が野球なのか、フットボールなのか、バスケットボールなのかはわかりませんが、チケットを買わなかったことを後悔している文です。

③ I wish you hadn't said such harsh things to her.

意味 君は彼女にそんなきついことを言わなければよかったのに。
なるほどポイント！ I wish の後の主語は、必ずしも I ではありません。ここでは、that 節内の主語が you であることに注意して、文全体の意味を正確に理解してください。

ボキャブラリー

例文3 □ harsh 形 手厳しい、辛辣な

パターン70 〜であればよいのになあ／〜であったらよかったのになあ

パターン71 〜でありさえすればなあ

と言いたいときはコレ If only 〜

なるほど！ こう考えればカンタンに使える

If only 〜は「**〜でありさえすればなあ**」という意味で、**I wish (that) 〜**よりも**感情的で強い表現**です。If only の後には 主語 + 動詞 が続きます。よく主節を省略して、**感嘆文**で用いられます。2つの例文で確認しておきましょう。

①条件節に仮定法過去が使われている場合

If only I were a little more talented! （自分にもう少し才能があればなあ！）
※条件節の後に、how happy I would be（どんなに嬉しいだろう）などの意味を表す主節が省略されています。

②条件節に仮定法過去完了が使われている場合

If only I had followed his advice! （彼の助言に従ってさえいたらなあ！）

すぐにチェック！ ミニ会話

M: **If only I could give up smoking!**
W: **That's what you always say. Why don't you put that idea into action?**

男：タバコをやめることができたらなあ！
女：いつも同じことばかり言ってるわね。その考えを行動に移したらどうなの？

If only 〜の文尾にはよく感嘆符（!）を使いますが、その代わりにピリオド（.）を使っても構いません。

使える！ 最も使える3例文

① If only it would stop raining!

意味 ▶ 雨が止んでくれさえしたらなあ！
なるほどポイント！ ▶ 条件節に仮定法過去が使われている例です。I hope it will stop raining. とは違って、雨がやむ可能性が非常に乏しいため、If only it would stop raining! と言っているわけです。

② If only this harsh winter would end right away.

意味 ▶ この厳しい冬がすぐにでも終わってくれればいいのだけど。
なるほどポイント！ ▶ この文も条件節に仮定法過去が使われています。厳しい冬を苦手とする人が春の到来に待ちきれず、「今すぐにでも冬が終わって欲しいくらいだ！」と現実の事実に反対の願望を述べている様子がうかがえます。

③ If only she had been told the truth earlier.

意味 ▶ 彼女はもっと早く本当のことを知らされていればよかったのに。
なるほどポイント！ ▶ If only ～の後が受け身になっていることに気づきましたか。If only she had told the truth earlier!（彼女はもっと早く本当のことを言ってくれたらよかったのに）とは意味が異なりますよ。さらに、if only ～によく似た only if ～（～の場合に限り）という表現もあるので、違いに要注意です。

ボキャブラリー

ミニ会話 □ put ～ into action ～を実行に移す
例文2 □ right away すぐに

パターン71 ～でありさえすればなあ

パターン 72 〜したらどうなりますか / 〜だったらどうしますか

と言いたいときはコレ ▶ **What if 〜?**

なるほど！ こう考えればカンタンに使える

What if 〜?（〜したらどうなりますか / どうしますか）は、**What will [would] happen if 〜?** の省略形で、if 節には直接法と仮定法のどちらも来ますが、会話の中では**直接法**を用いる方が多いです。例：**What if it doesn't work out?**（もしそれがうまく行かなかったらどうなるの？）

What if 〜? には、さらに2つの意味があります。**What if the plan fails?** なら **What does it matter if the plan fails?**（その計画が失敗したってかまうものか）の意味を、**What if you join us for lunch?** なら **What do you think about joining us for lunch?**（ランチを一緒にどうですか）の意味を表します。これら3つの意味は**文脈・語調によって判断**します。

すぐにチェック！ ミニ会話

W：**What if it rains tomorrow?**
M：**The game will be canceled.**

女：明日雨が降ったらどうなりますか。
男：試合は中止となります。

> What if it rains tomorrow? は、What will happen if it rains? の意味です。if 節は単なる条件を表す条件節になっており、これを直接法と言います。

使える！最も使える３例文

① What if my mother says no?

意味▶ 母が駄目だと言ったらどうしましょう。
なるほどポイント！▶ if 節に直接法が使われています。What should [shall] I do if my mother says no? の意味です。この場合は What will happen if 〜? よりも、むしろ What should [shall] I [we] do if 〜? と解釈するのが自然でしょう。

② What if you won the lottery?

意味▶ 宝くじに当たったらどうする？
なるほどポイント！▶ if 節に仮定法過去が使われている例です。宝くじにはまず当たらないだろうと仮定（＝仮想の条件）して言っているわけです。当たる可能性が五分五分くらいと考えるのであれば、直接法を使って、What if you win the lottery? と言うことも可能です。

③ What if I had caught the train then?

意味▶ あの時電車に間に合っていたらどうなっていたでしょう。
なるほどポイント！▶ 例文2 と同じく、What if の後に仮定法が来る例です。この文の場合では、過去の事実の反対の仮定・想像を表す「仮定法過去完了」が使われています。

パターン72 〜したらどうなりますか / 〜だったらどうしますか

パターン 73 ～していただけると、ありがたいのですが

と言いたいときはコレ → **I'd appreciate it if you would [could] *do* ～**

なるほど！ こう考えればカンタンに使える

I appreciate ～は、すでに何かをしてもらったことに対して感謝する時に使い、日本語の**「～をありがとうございました」**に近い表現です。**I appreciate it [that].** や **I appreciate your concern.** のように使います。

一方、**I'd appreciate ～**（＝ I would appreciate ～）は、これから（＝将来）何かをしてもらえることに対して感謝する時に使い、**「～してくださるとありがたいです」**に近い表現です。**I'd appreciate it.** や **I'd appreciate your help.** のように使います。それを応用した **I'd appreciate it if you would [could] *do* ～** は仮定法過去を用いた**丁寧な依頼表現**で、手紙文・Eメールだけでなく、会話の中でもよく使われます。

すぐにチェック！ ミニ会話

CD 73

W: **I'd appreciate it if you could do me a favor.**
M: **Well, I'll do it if I can.**

女：お願いを聞いてもらえると、ありがたいのですが。
男：まあ、私にできることならやりますけど。

女性の使っている I'd appreciate it if ～は丁寧な依頼表現です。具体的な依頼内容は、if 節の部分に来ます。友達同士や家族間でカジュアルに依頼する時には、Will [Can] you do me a favor? くらいで OK です。

使える！ 最も使える3例文

① I'd appreciate it if you would give me a hand.

意味▶ 手伝っていただけると、ありがたいのですが。
なるほどポイント！▶ if you would ～の代わりに、if you could ～としてもOKです。if you would give me a hand の部分は、会話では省略形を用いて if you'd give me a hand となることもあります。

② I'd appreciate it if you could reply as soon as possible.

意味▶ できるだけ早くお返事をいただければ、ありがたく存じます。
なるほどポイント！▶ 形容詞 grateful を用いて、I'd be grateful if you could reply as soon as possible. と言えば、よりソフトな感じの言い方になります。appreciate は行為に対して感謝を表す語なので、後に人は続かないはずですが、ネイティブの中には I really appreciate you. と誤用をする人がいるのも事実です。

③ I'd appreciate it very much if you would reconsider this matter.

意味▶ 本件に関して再検討いただければ、大変ありがたく存じます。
なるほどポイント！▶ 主語の I の代わりに、「我々は」と言いたい場合には、もちろん主語は We となります。We would appreciate it very much if you would do ～（～していただけましたら、大変幸いに存じます）は日常会話だけでなく、ビジネスレターなどでもよく見かける文ですよ。

------ ボキャブラリー ------

例文1 □ give ～ a hand ～を助ける、～に手を貸す
例文3 □ reconsider 動 ～を再検討する、見直す

パターン73 ～していただけると、ありがたいのですが

パターン74 ～してもかまいませんか / ～していただけますか

と言いたいときはコレ → Do [Would] you mind ～?

なるほど！ こう考えればカンタンに使える

Do [Would] you mind ～? には、「～してもかまいませんか」（**許可**）と「～していただけますか」（**依頼**）の2つの意味があります。もちろん、Do you mind ～? よりも Would you mind ～? の方が**丁寧な言い方**です。mind の後は、**if 節が来る場合**と**動名詞が来る場合**があります。

①許可

Do you mind **if I open** the window? = Do you mind **my opening** the window?
（窓を開けてもかまいませんか？）
※許可の場合には if 節を使う方が普通で、動名詞を使うと少し堅苦しく聞こえます。

②依頼

Would you mind **closing** the window? = Would you mind **if I asked you to close** the window?
（窓を開けていただけませんか？）
※どちらもよく使われますが、この場合は動名詞を使う方が簡単ですね。

すぐにチェック！ ミニ会話

Ⓜ：**Do you mind if I sit** here?
Ⓦ：**Sure. Go ahead.**

男：ここに座ってもよろしいですか。
女：ええ。どうぞ。

mind の後に動名詞を使って、Do you mind my sitting here? と言うことも可能ですが、Do you mind if I sit here? と聞く方が普通です。Do you を省略して Mind if I sit here? と言うと、よりくだけた言い方になります。

使える！最も使える3例文

① Do you mind repeating that?

意味▶ もう一度言ってもらえますか。
なるほどポイント！▶ Would you mind repeating that? と言えば、さらに丁寧になります。Do you mind repeating that? の代わりに、Do you mind saying that again? や Do you mind running that by me again? などと言っても OK です。

② Do you mind if I smoke here?

意味▶ ここでタバコを吸ってもかまいませんか。
なるほどポイント！▶ 動名詞を使う場合は、Do you mind my [me] smoking here? と言います。返答の「どうぞ」は、No, that's all right. や Go right ahead. と言います。「いいえ」は、Yes, I do. でもよいのですが、素っ気ない響きの返事に聞こえるので、Well, I'd rather you didn't.（まあ、できれば控えていただきたいのですが）の方が丁寧でお勧めです。

③ Would you mind if I borrowed your car tomorrow?

意味▶ 明日あなたの自動車をお借りしてもよろしいでしょうか。
なるほどポイント！▶ Would you mind if I borrowed 〜? は、仮定法過去を使ったとても丁寧な言い方です。if 節内の動詞は borrowed（過去形）でも borrow（現在形）でも構いませんが、実際には過去形の方がよく使われます。現在形を使うと少しだけた感じに聞こえます。

パターン 74　〜してもかまいませんか / 〜していただけますか

パターン 75 私もそうです

と言いたいときはコレ → **So do I.**

なるほど！ こう考えればカンタンに使える

So＋(助)動詞＋主語 は**「〜もそうだ」**の意味を表します。それ以前に述べられた内容が「主語」についても当てはまる時に使います。例： "**I love cats.**" "**So do I.**"（「私猫が好きなの」「僕もだよ」）もちろん、**Me too.** や **I love them, too.** と返答しても構いません。

前の文が **be** 動詞と一般動詞のどちらを使ったものか、そして時制は何かによって、**So** 以下の形が変わります。

"He was born in Chicago." "So was I." （「彼はシカゴで生まれました」「私もです」）	"I went to Guam last year." "So did I." （「私は去年グアムに行きました」「私もです」）

すぐにチェック！ ミニ会話

W: **Wow! You look great, Jim.**
M: **Thanks. So do you.**

女：わあ！ジム、すごく素敵よ。
男：ありがとう。君もね。

女性は男性（ジム）を見て、賛辞を送っています。彼はカッコいい髪型とファッション（服装）でキメているのでしょう。彼女の方も素敵に見えるということで、ジムは So do you. と言っています。

使える！ 最も使える3例文

① "Ben has his own car." "So does Jane."

意味　「ベンは自分の車を持っています」「ジェーンもそうです」
なるほどポイント！　〈So do I.〉と〈So I do.〉の2つのタイプの違いをおさえておきましょう。もしも、"Ben has his own car." に対して、"So he does." と言えばどういう意味になるでしょうか。その場合は、助(動詞)［ここでは does］を強く発音し、「（確かに）そうですね」の意味になります。

② Ms. Olson was warm and friendly, and so was her husband.

意味　オルソンさんは温かくて人懐っこい人でしたし、ご主人もそうでした。
なるほどポイント！　〈So+(助)動詞+主語〉は人の発言に対しての返答だけでなく、この文のように、2つの文を and でつなぐことにより1つのコメントになることもよくあります。

③ "I've just returned from a business trip." "So have I."

意味　「私は出張から戻ってきたところです」「私もそうです」
なるほどポイント！　この文では現在完了形が使われています。現在完了形の have [has] は助動詞なので、〈So+(助)動詞+主語〉のパターンを利用すると、So have I. となるわけです。「スコットもそうです」であれば、So has Scott. となりますね。

パターン 75　私もそうです

パターン76 私もそうではありません

と言いたいときはコレ → Neither [Nor] do I.

なるほど！こう考えればカンタンに使える

Neither [Nor]＋(助)動詞＋主語 は「**〜もそうではない**」の意味を表します。先に述べられた否定文に対して同意を示す表現です。

例：**"I don't like cheese." "Neither [Nor] do I."**（「僕はチーズが好きじゃないんだ」「私もなの」）もちろん、**Me neither.** や **I don't like it, either.** と返答しても構いません。

前の文が **be** 動詞と一般動詞のどちらを使ったものか、そして時制は何かによって、**Neither [Nor]** 以下の形は **Neither am I, Neither does he, Neither have we** などさまざまに変化します。

So＋(助)動詞＋主語 と同じく、このパターンでも主語（**I, he, we** の部分）を強く発音します。

すぐにチェック！ミニ会話

W：**I can't wait to watch this movie.**
M：**Neither can I.**

女：この映画を見るのが待ちきれないわ。
男：僕もだよ。

I can't wait to *do* 〜（〜するのが待ちきれない）は会話でよく使われます。強意の just を付けて、I just can't wait to *do* 〜 とも言います。Neither can I. の代わりに、Me neither. や I can't either. と言っても OK です。

使える！最も使える３例文

① "I don't feel like eating out tonight." "Neither do I."

意味　「今夜は外で食べる気がしないなあ」「私もそうよ」
なるほどポイント！　最初の文には、**パターン1** で学習した〈feel like doing ～〉(～したい気がする) の否定形が使われています。その否定文に対して「私もまたそうではない」と同意する場合、Neither [Nor] do I. となるわけです。

② I'm not interested in religious rituals, and neither is my wife.

意味　私は宗教的儀式には興味はありませんし、妻もまたそうです。
なるほどポイント！　I'm not interested ～の否定文には be 動詞が使われています。それに続く、and +〈neither +（助）動詞＋主語〉にも同じく、正しい形の be 動詞（この場合は is）を用いる必要があります。

③ "I haven't heard from her since." "Nor have I."

意味　「彼女からはそれ以来何の連絡ももらってないわ」「僕もそうなんだ」
なるほどポイント！　この文では現在完了形の否定形が使われています。現在完了形の have は助動詞なので、〈Neither [Nor] +（助）動詞＋主語〉のパターンを利用すると、Nor have I. または Neither have I. となります。

ボキャブラリー

例文1　□ eat out　外食する（= dine out）
例文2　□ religious ritual　宗教的儀式

パターン76　私もそうではありません

パターン77 決して〜しません

と言いたいときはコレ 否定語 + 動詞 + 主語

なるほど！ こう考えればカンタンに使える

否定または**準否定の語(句)**が強調のため**文頭**に出ると、必ず倒置が生じ、否定語 + 動詞 + 主語 の形になります。これは文語に多いパターンですが、フォーマルな会話の中でも使われることがあります。すぐ前に出てきた **パターン76** の Neither [Nor] + (助)動詞 + 主語 も同じ種類の倒置構文です。

次の文を見てみましょう。

①文頭に否定の副詞（never）を用いた例

Never have I been this busy in all my life.
（生まれてこのかた、私はこれほど忙しかったことはなかった）

②文頭に準否定の副詞（little）を用いた例

Little did I dream that such a thing would happen.
（そんなことが起ころうとは夢にも思わなかった）

すぐにチェック！ ミニ会話

W: What you just said really hurt my feelings.
M: I'm very sorry. **Never will I** say that again.

女：今あなたが言ったことは私の気持ちを本当に傷つけたわ。
男：本当にごめん。二度とそのようなことは言わないよ。

Never will I say that again. は、I will never say that again. と言ってもよいのですが、ここでは特に never 〜 again（二度と〜しない）の否定の副詞 never を強調するために文頭に置いています。

使える！最も使える３例文

① Never have I seen such a beautiful beach before.

意味 私はこれまでにこんな美しいビーチを見たことは一度もありません。
なるほどポイント！ I have never seen such a beautiful beach before. の never の部分を強調するために、文頭に置いた例です。もしもあなたが絶世の美女を見て感動したのなら、Never have I met such a beautiful woman.（こんなに美しい女性には一度も会ったことがありません）と言えばよいですね。

② Rarely does Mr. Miller crack a joke.

意味 ミラーさんはめったに冗談を言いません。
なるほどポイント！ **例文1** の never のような否定語だけでなく、rarely / seldom（めったに〜ない）や hardly / scarcely（ほとんど〜ない）のような準否定語も文頭に置かれると倒置が起こります。

③ Not a word did Steve say all the while during the meeting.

意味 会議の間中スティーブは一言も話しませんでした。
なるほどポイント！ say の目的語の not a word が文頭に出る時も、その部分が否定表現なので倒置が生じます。スティーブが「一言も / まったく何も」言わなかったことを強調するために、否定語を文頭に持ってくるわけですね。少し堅いフォーマルな表現ですが、この種の文にも慣れておく必要があります。

ボキャブラリー

例文2 □ crack a joke 冗談を言う（＝ tell a joke）
例文3 □ all the while その間ずっと

パターン77 決して〜しません

パターン 78 ほら〜ですよ

と言いたいときはコレ There [Here] + 動詞 + 主語

なるほど！ こう考えればカンタンに使える

文頭に **There** や **Here** のような**場所を表す副詞**を置くと、**倒置**が生じ、主語と動詞の位置が入れ替わります。この場合の **There** や **Here** は**相手の注意を引くため**に用いられています。**There** は**自分がいる場所から遠くの方で何かが起きていること**を、**Here** は**自分のいる場所に向かって何かが起きていること**を表します。

> **There goes the bus.**
> （バスが出て行きますよ）

> **Here comes the train.**
> （電車が来ていますよ）

ただし、**主語が代名詞の場合**には、**倒置が生じない**ため、There [Here] + 主語 + 動詞 の形になります。例：**Here he comes.**（ほら彼がやって来ますよ）

すぐにチェック！ ミニ会話

Ⓦ: **Look! There goes another ambulance.**
Ⓜ: **There seems to be quite a few accidents these days.**

女：見て！また救急車だよ。
男：最近は事故がかなり多いみたいだね。

> さっきも ambulance を見たのに、また別の（another）ambulance が通っているということで、女性は "There goes another ambulance." と言っているわけですね。

使える！最も使える3例文

① There goes the phone again.

意味 また電話がかかってきたよ。
なるほどポイント！ There goes the phone again. は「（さっきも電話があったのに）また電話だよ」くらいの意味です。同じく「あっ、授業開始のチャイムが鳴っているよ」ならば、There goes the class bell. と言えばいいですね。

② Speak of the devil, here comes Barry.

意味 噂をすれば影、バリーがやって来たよ。
なるほどポイント！ 単に Here comes Barry.（ほらバリーがやって来たよ）と言ってもOKです。ただし、Speak of the devil.（うわさをすれば影／うわさをすれば何とやらだ）と一緒に使って、Speak of the devil, here comes ～のパターンで使うことがあるので、この形を覚えておくと便利ですよ。

③ Here comes a big wave!

意味 ほら、大きな波がやって来てるよ！
なるほどポイント！ 〈There [Here]＋動詞＋主語〉の倒置文には感嘆符が付けられることがあります。状況に応じて、感嘆文と見なされる場合があるからです。サーフィンをやっていて大きな波を期待して待っている時に「大きな波が来てるぞ！」と仲間に言いたい場合は、特にそうでしょうね。

パターン 78 ほら～ですよ

パターン79 確かに〜です / 本当に〜しました

と言いたいときはコレ→ 主語＋do [does, did]＋動詞

なるほど！ こう考えればカンタンに使える

助動詞 do の働きの一つに、肯定平叙文や命令文などの動詞を強調するというのがあります。これは**「強調の do」**と呼ばれるもので、一般動詞の原形と共に用いられ、時制によって **do [does]** か **did** となります。スピーチなどで、**I do hope 〜** や **I do believe 〜** のように使われるのを聞いたことがあるでしょう。do [does, did] は常に強く発音します。

3つの例文で確認しておきましょう。

① **You do look great in that dress.**（そのドレス、本当によく似合っているよ）
② **Rick does speak Japanese.**（リックは確かに日本語を話します）
③ **That's what he did say.**（彼は確かにそう言いました）

すぐにチェック！ ミニ会話

W: **I thought you liked Monica.**
M: **I did like her, but now I don't.**

女：あなたはモニカのことを好きだと思ってたんだけど。
男：かつては好きだったけど、今はそうじゃないよ。

男性はモニカに対する自分の気持ちについて、現在と比べて過去を強調するために、強調の did を使っているわけです。but now I don't の後には、like her が省略されています。

使える！最も使える3例文

① Do visit us again one of these days.

意味 近いうちにぜひまた遊びに来てください。
なるほどポイント！ この文は形は命令文ですが、人を誘う時に使う丁寧な表現です。このように命令文に do を付けて強調するケースは会話の中でよくあります。be で始まる命令文の強調は、Do be careful not to slip and fall.（滑って転ばないように十分気をつけてください）のようになります。

② It does make me upset just to think about it.

意味 そのことを考えるだけで怒りが込み上げてきます。
なるほどポイント！ この文は、It makes me upset 〜の主動詞 makes を強調するために、It does make me upset 〜となっているわけですね。この文を応用すれば、It does make me angry just to remember it.（そのことを思い出すだけで腹が立ちます）もラクに言えますね。

③ I did hand in my term paper, but the professor said that I hadn't.

意味 私は学期末レポートを本当に提出したのに、教授はそんなことはないと言ったのです。
なるほどポイント！ せっかくレポートを出したのに、どういうわけか教授の手もとにはそれが無いようです。the professor said that I hadn't は、the professor said that I hadn't turned it in という意味です。

----- ボキャブラリー -----

- **例文1** □ one of these days　近いうちに
- **例文3** □ hand in 〜　〜を提出する
- **例文3** □ term paper　学期末レポート

パターン 79　確かに〜です / 本当に〜しました

パターン 80 今〜です

と言いたいときはコレ 主語＋is [are, was, were]＋being＋形容詞

なるほど！ こう考えればカンタンに使える

He is quiet. のように 主語＋be動詞＋形容詞 は、その人の恒常的な性質について言及し、「彼は無口です」の意味となります。

しかし、**He is being quiet.** のように 主語＋be動詞＋being＋形容詞 とすると、**一時的な状態を強調**し、「彼は（いつもはそうではないが今に限って故意に）おとなしくしている（おとなしい振りをしている）」の意味となります。形容詞の部分に**名詞**が来ることもあります。例：**He is being a good boy.**（彼はいつになくいい子にしていますね）

このパターンで用いられる形容詞には、**brave, careful, clever, foolish, generous, nice, honest, rude, silly, sweet** などがあります。

すぐにチェック！ ミニ会話

W : **Is George always like that?**
M : **No, he is just being funny.**

女：ジョージはいつもあんな感じなの？
男：ちがうよ、今だけ笑わせているんだよ。

普段は普通の人なのに、宴会とかになると急にキャラが変わって面白いことを言ったり、やったりして場を盛り上げる人っていますよね。ジョージはそんなタイプの人で、今だけ funny な人になっているのです。

使える！ 最も使える3例文

① Dennis is being friendly for the moment.

意味▶ デニスは今だけ愛嬌を振りまいているのです。
なるほどポイント！▶ 普段は無愛想で、不親切なくせに、特定の人の前に出ると急に愛嬌たっぷりのゴマすり野郎になる奴っていますよね。デニスの意図はよくわかりませんが、今だけ愛嬌を振りまいているようです。

② You are being very kind today, aren't you?

意味▶ 今日はとても親切ですね。
なるほどポイント！▶ これは今日に限っての相手の状態について述べている文です。この文には「今日はいつもと違ってなんでそんなに親切なの？何か裏でもあるの？」のような含みがあります。

③ Beth is being as polite as she can.

意味▶ ベスは今できるだけ礼儀正しく振る舞っています。
なるほどポイント！▶ 普段とは違って、ベスは今とても礼儀正しく振る舞おうとしているという意味です。別の言い方をすると、Beth is behaving as politely as she can. となります。

ボキャブラリー

例文1 ☐ for the moment　今は、差し当たり

パターン80 今〜です

パターン 81

～なのは当然です / ～なのも不思議ではありません

と言いたいときはコレ No wonder ＋ 主語 ＋ 動詞

なるほど！ こう考えればカンタンに使える

No wonder＋(that)＋主語＋動詞 は**「～なのは当然（当たり前）だ / ～なのも不思議ではない / 道理で～なわけだ」**の意味を表します。これは **It's no wonder (that) ～** の **It's** を省略したもので、会話ではいつもこの形で使います。また、会話では **that** は通常省略されます。例：**No wonder he didn't come.**（彼が来なかったのは無理もありません）

No wonder ～ 以外にも、文頭の **It is** を省略するケースは結構あります。例：**(It's) too bad you can't come.**（あなたが来られないなんて残念です）なお、**It is natural (that) ～** でも同じことを表現できますが、**No wonder (that) ～** の方が**より口語的**です。

すぐにチェック！ ミニ会話

W：I heard that Donna lost her job last week.
M：No wonder she looked so down.

女：ドナは先週職を失ったそうよ。
男：道理で彼女、かなり落ち込んで見えたんだな。

〈No wonder ～〉は、この会話のように何かの状況に対して「だから～なんですね」と納得する時に使う表現です。No wonder.（それもそのはずだ / 道理でね）と単独で使うこともあります。

使える！最も使える3例文

① No wonder he's got a hangover.

意味 彼が二日酔いになったのは当然です。
なるほどポイント！ 彼が前の日に飲み過ぎたという事実を知っているからこそ、「彼が今二日酔いになっているのは当然だ」と考え、No wonder 〜と言っているわけです。

② No wonder the company went bankrupt.

意味 その会社が倒産したのも不思議ではありません。
なるほどポイント！ 「あの会社ならいずれ倒産するだろう」と思っていた人にとっては、倒産のニュースを聞いても何ら驚くことはないでしょうから、No wonder 〜と言うでしょうね。

③ No wonder he refused to accept your offer.

意味 彼があなたの申し出を断ったのは当然です。
なるほどポイント！ この文は、It's only natural that he refused to accept your offer. や I can see why he refused to accept your offer. と言い換えることもできます。

ボキャブラリー

- **例文1** □ hangover 名 二日酔い
- **例文2** □ go bankrupt 倒産する
- **例文3** □ refuse 動 （〜することを）断る、拒む

パターン81 〜なのは当然です / 〜なのも不思議ではありません

パターン 82 〜というわけではありません

と言いたいときはコレ ➡ Not that 〜

なるほど！ こう考えればカンタンに使える

Not that 〜は**「〜というわけではありません」**という意味です。これは、**It is not, however, that 〜**の **not** と **that** だけが残って結びつき、省略形の形で成句化したものです。

> "Do you know Mr. Sharp of the HFL Corporation?" "Not that I know of."
> (「HFL 社のシャープさんを知ってますか」「知らないと思いますけど」)

Not that I know of. とは「私の知る限りではそうではありません ⇒ 知らないと思いますよ」の意味で、はっきり **No** と断言するのを避けたい時に使えます。**Not that I** は［ナッダライ］のように発音し、できるだけ全文をワンフレーズのひとかたまりにしてサラッと言うのがコツです。

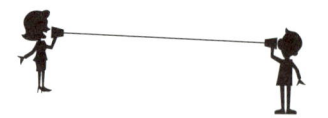

すぐにチェック！ ミニ会話

W: **Did you attend the conference last week?**
M: **Yes, I had to. Not that I enjoyed it.**

女：先週、会議に参加したの?
男：うん、そうだよ。だからと言って、楽しんだわけではないけどね。

> 男性の Not that I enjoyed it. は、前文を受けて感想を述べる言い方で、「(会議に参加したしたのは事実だけれども) だからと言ってそれを楽しんだわけではありません」という意味を表します。

使える！ 最も使える３例文

① Not that I'm aware of.

意味 ▶ 私は知りませんけど。

なるほどポイント！ ▶ これは、Not that I know of. と同じく、相手の質問に対して否定の答えをする際に、自分にははっきりした確信がないことを知らせる言い方です。Not that I'm aware of. で「私の知る限りでは何も分かりませんけど／私自身は何も聞いていませんが」くらいの意味になります。

② Not that I can remember.

意味 ▶ 私の記憶にはありませんが。

なるほどポイント！ ▶ Have you ever had chicken pox?（水疱瘡にかかったことありますか）と聞かれて「たぶんかかったことはない」と思う場合は、Not that I can remember. と言えば OK です。「(少なくとも)私の記憶にはありません／覚えている限りではそういうことはありません」の意味を表します。

③ Not that I don't understand how you feel.

意味 ▶ あなたの気持ちがわからないわけではありませんが。

なるほどポイント！ ▶ Not that I don't understand. は「わからないでもない」の意味です。それを応用すれば、Not that I don't understand how you feel. や Not that I don't understand why he disagreed.（彼が反対した理由がわからないでもないのですが）のようにいろんな表現が可能となります。

パターン82 〜というわけではありません

パターン 83 …すればするほど、(ますます)〜です

と言いたいときはコレ The 比較級 , the 比較級

なるほど！ こう考えればカンタンに使える

The 比較級 , the 比較級 は「**…すればするほど、ますます（一層）〜だ**」の意味を表します。関連し合う2つの動作や状態の比例関係を表す用法なので、「**比例比較級**」と呼ばれます。接続詞を使わずに、比較級の並列により一つの文を作る特殊な形態をしています。

The more you practice, the better you'll get.（練習すればするほど、うまくなります）や **The more time you spend, the better results you'll get.**（時間をかければかけるほど、よい結果を得られます）のような文が作れます。

主語 + 動詞 が it is の場合は、よく省略されます。例：**The more (it is), the better (it is).**（多ければ多いほどいいです）

すぐにチェック！ ミニ会話

W : When should I hand in this document?
M : The sooner, the better.

女：この書類はいつ提出すればよろしいでしょうか。
男：早ければ早いほどいいんだが。

The sooner, the better は「早ければ早いほどよい / 早いに越したことはない」の意味の決まり文句として、日常会話でよく使われます。これは、The sooner it is, the better it is. を簡単にした言い方です。

使える！最も使える３例文

① The harder you study English, the more interesting it'll become.

意味 英語は一生懸命勉強すればするほど、面白くなります。
なるほどポイント！ 後半の部分を少し変えて、**パターン37** の〈I find it＋形容詞＋to do～〉を応用すれば、The harder you study English, the more interesting you'll find it. とも言えますね。

② The older you get, the weaker your memory becomes.

意味 年を取れば取るほど、記憶力は悪くなります。
なるほどポイント！ 一般的にはそうかもしれませんが、皆さんはこれからも前向きに英語学修を継続してくださいね。さて、この文は接続詞 as（～につれて）を使えば、As you get older, your memory becomes weaker. と言うことも可能です。

③ The more she thought about it, the more confused she got.

意味 そのことを考えれば考えるほど、彼女はもっと混乱しました。
なるほどポイント！ 時制を過去、主語を she にした例です。the more confused she got は the more confused she became と言っても OK です。

ボキャブラリー

- **例文2** □ memory 名 記憶（力）
- **例文3** □ get confused 頭が混乱する、当惑する

パターン83 …すればするほど、(ますます)～です

パターン84 …に〜させます

と言いたいときはコレ → 主語 + 動詞 + 目的語（人）

なるほど！ こう考えればカンタンに使える

日本語では人間や動物を主語とする場合に、英語では**無生物を主語とする構文**を使うことがあります。ここでは、無生物を主語にして**「主語が人に〜させる」**という表現法を見ていきます。

無生物主語の構文では、大抵の場合、**主語**は意味の上では**副詞（節・句）**の働きをします。例：**Only five minutes' walk will take you to the downtown area.**（5分歩くだけで、市内の中心街に行けます）= **After only five minutes' walk, you will get to the downtown area.**（副詞句）

無生物主語の構文で使われる動詞はほとんど基本動詞ばかりなので、いったん構文にさえ慣れてしまうと、全然難しくはありません。

すぐにチェック！ ミニ会話

W: **I don't feel well. I've got an upset stomach.**
M: **Then this medicine will make you feel better.**

女：気分が良くないの。お腹の調子が悪くて。
男：じゃあ、この薬を飲むと良くなるだろう。

> 主語の this medicine は意味の上では副詞節の働きをしています。つまり、If you take this medicine, you will feel better. と言い換えることができるわけです。

使える！最も使える3例文

① This song reminds me of my late mother.

意味 この歌を聞くと、私は亡くなった母のことを思い出します。
なるほどポイント！ 〈remind＋目的語＋of ～〉で「(主語が)…に～を思い出させる」の意味を表します。文の主語を、This recipe（このレシピを見ると）や That lady（その婦人を見ると）に変えても、文全体の意味は理解できますよね。

② The flight delay prevented me from attending the conference.

意味 飛行機が遅れたせいで、私は会議に出席することができませんでした。
なるほどポイント！ 〈prevent＋目的語＋from ～〉で「(主語が)…に～させない」の意味を表します。prevent の代わりに、keep や stop を使うことも可能です。この文は、I couldn't attend the conference because of the flight delay. と言い換えることができます。

③ This service will save you a lot of time and money.

意味 このサービスを使えば、たくさんの時間とお金を節約できるでしょう。
なるほどポイント！ 日本人は「～すれば、～すると」と聞くと瞬間的に、If ～でセンテンスを始める変な癖が身に付いています。同様に、「この道を行くと郵便局に出ます」も If you go down this road, ～で始めなくても、This road leads you to the post office. と簡単に表現できるわけです。

ボキャブラリー

例文1 □ late 形 今は亡き、故～
例文2 □ delay 名 遅延

パターン84 …に～させます

復習テスト ②

ここまで学んだ48のパターンを、しっかりマスターできたかどうか確認してみましょう。
- 見開き2ページでワンセットです。左ページの日本語を英語にできるか言ってみましょう。
- 答えは右ページにあります。

1. リサは私が分かち合ったことを信じ難いと思いました。

2. 事態は年々どんどん悪くなっているようです。

3. 話が違うじゃないですか。

4. ケンは非常に正直なので、誰もが彼を信頼し尊敬しています。

5. 彼はこの種の仕事をするには年を取りすぎています。

6. クラスは水を打ったように静まり返っていました。

7. 来週の水曜日は休んでもよろしいでしょうか。

8. それはまさに物の見方次第です。

9. 何か温かい飲み物を飲みたい気分です。

10. その火山がいつ再び噴火するのか予測がつきません。

答えられなかった場合は本編でもう一度復習しましょう。

1. Lisa found it difficult to believe what I shared with her. パターン 37
2. It seems that things are getting worse every year. パターン 38
3. That's not what you said before. パターン 39
4. Ken is so honest that everybody trusts and respects him. パターン 40
5. He is too old to do this type of work. パターン 41
6. The class was quiet enough to hear a pin drop. パターン 42
7. Would it be all right if I take next Wednesday off? パターン 43
8. It all depends on how you look at it. パターン 44
9. I feel like having something hot to drink. パターン 45
10. There is no telling when the volcano will erupt again. パターン 46

11 その件については、これ以上議論しても無駄です。

12 その提案は検討してみる価値が十分あります。

13 彼の冗談を聞いて、笑わずにはいられませんでした。

14 契約違反で彼を訴えるしかありません。

15 最終決定をするまで、あと2週間待った方がよいでしょうね。

16 この週末に軽井沢へドライブに行くのはどうかな？

17 シカゴに行くなら、シアーズ・タワーを訪れることをお勧めします。

18 医師はダイエットをして減量するように彼女にアドバイスしました。

19 あなたはリサイクルショップで夏服を買うとよいでしょう。

20 この博物館の中では写真を撮ってもよいのでしょうか。

復習テスト②

11 It's no use discussing the matter any more. パターン 47

12 The proposal is well worth considering. パターン 48

13 I couldn't help laughing when I heard his joke. パターン 49

14 I have no other choice but to sue him for breach of contract. パターン 50

15 You might as well wait another two weeks until you make the final decision. パターン 51

16 What do you say to going for a drive to Karuizawa this weekend? パターン 52

17 If you go to Chicago, I suggest you visit the Sears Tower. パターン 53

18 The doctor advised her to go on a diet and lose weight. パターン 54

19 It would be a good idea for you to buy your summer clothes at a thrift shop. パターン 55

20 Are we allowed to take photos in this museum? パターン 56

21 出かける時は戸締まりをするように気をつけてね。

22 ブラウン氏は今回の市長選には出馬しないことに決めました。

23 あなたに八つ当たりするつもりはありませんでした。

24 彼女の飛行機はシアトルに何時に到着の予定ですか。

25 そのチャリティーコンサートは5月27日の金曜日に開かれることになっています。

26 結局それは大きなミスであったことが判明しています。

27 どうしたらよいかわからなかったので、私はテッドに助けを求めました。

28 昨夜の暴風雨で私たちの家の屋根は吹き飛ばされました。

29 彼にのちほど折り返し電話をさせます。

30 もっとお金があれば、より大きな家を買うでしょう。

31 家をもっと早めに出ていたら、あなたはバスに間に合っていたことでしょう。

復習テスト②

21 Be sure to lock the door when you go out. パターン 57

22 Mr. Brown decided not to run for mayor this time. パターン 58

23 I didn't mean to take it out on you. パターン 59

24 What time is her flight supposed to land in Seattle? パターン 60

25 The charity concert is to take place on Friday, May 27. パターン 61

26 It turns out to have been a major mistake. パターン 62

27 Not knowing what to do, I asked Ted for help. パターン 63

28 We got our roof blown off in the storm last night. パターン 64

29 I'll have him call you back later. パターン 65

30 If I had more money, I would buy a bigger house. パターン 66

31 If you had left home earlier, you could have caught the bus. パターン 67

32 もしメアリーが先週足を骨折しなかったら、今頃彼女は私たちと一緒にスキーをしているでしょう。

33 もし交通渋滞がなかったら、私たちは目的地にもっと早く到着していたことでしょう。

34 もっと時間とお金があればなあ。

35 この厳しい冬がすぐにでも終わってくれればいいのだけど。

36 母が駄目だと言ったらどうしましょう？

37 手伝っていただけると、ありがたいのですが。

38 ここでタバコを吸ってもかまいませんか。

39 オルソンさんは温かくて人懐っこい人でしたし、ご主人もそうでした。

40 私は宗教的儀式には興味はありませんし、妻もまたそうです。

41 私はこれまでにこんな美しいビーチを見たことは一度もありません。

復習テスト②

32 If Mary hadn't broken her leg last week, she would be skiing with us now. 　パターン 68

33 We would have reached our destination much earlier if it hadn't been for the traffic jam. 　パターン 69

34 I wish I had more time and money. 　パターン 70

35 If only this harsh winter would end right away. 　パターン 71

36 What if my mother says no? 　パターン 72

37 I'd appreciate it if you would give me a hand. 　パターン 73

38 Do you mind if I smoke here? 　パターン 74

39 Ms. Olson was warm and friendly, and so was her husband. 　パターン 75

40 I'm not interested in religious rituals, and neither is my wife. 　パターン 76

41 Never have I seen such a beautiful beach before. 　パターン 77

42 ほら、大きな波がやって来てるよ！

43 近いうちに是非また遊びに来てください。

44 デニスは今だけ愛嬌を振りまいているのです。

45 その会社が倒産したのも不思議ではありません。

46 あなたの気持ちがわからないわけではありませんが。

47 年を取れば取るほど、記憶力は悪くなります。

48 この歌を聞くと、私は亡くなった母のことを思い出します。

復習テスト②

42 Here comes a big wave! パターン78

43 Do visit us again one of these days. パターン79

44 Dennis is being friendly for the moment. パターン80

45 No wonder the company went bankrupt. パターン81

46 Not that I don't understand how you feel. パターン82

47 The older you get, the weaker your memory becomes. パターン83

48 This song reminds me of my late mother. パターン84

●著者紹介

ジョセフ・ルリアス　Joseph Ruelius
米国ニュージャージー州出身。クインピアック大学卒業(英文学専攻)。ニュージャージー大学卒業 (英語教育専攻)。英国バーミンガム大学大学院英語教育研究科修士課程修了(M.A.)。現在、関西外国語大学国際言語学部准教授。
主要著書:『ネイティブ厳選必ず使える英会話 まる覚え』『ネイティブ厳選ゼッタイ伝わる英会話 まる覚え』(以上、Jリサーチ出版)、『新TOEIC®テスト文法問題は20秒で解ける!』(アスク出版)、『TOEFL® ITP TESTリスニング完全攻略』(語研)、『Welcome to USA TODAY』(開文社出版)。

宮野 智靖　Tomoyasu Miyano
広島県出身。ペンシルベニア州立大学大学院スピーチ・コミュニケーション学科修士課程修了(M.A.)。現在、関西外国語大学短期大学部教授。
主要著書:『すぐに使える英会話ミニフレーズ2500』『ゼロからスタート シャドーイング』、『TOEIC®TEST英文法・語彙ベーシックマスター』(以上、Jリサーチ出版)、『TOEIC®TEST究極単語Basic 2200』、『新TOEIC®TESTプレ受験600問』(以上、語研)、『TOEIC®TEST730点突破のための英単語と英熟語』(こう書房)。
主要資格:TOEIC990点、英検1級、通訳案内業国家資格。

カバーデザイン	滝デザイン事務所
本文デザイン&DTP	株式会社シナノパブリッシングプレス
イラストレーター	田中斉
CD編集	財団法人英語教育協議会(ELEC)
CD制作	高速録音株式会社

超定番の84パターンで世界中どこでも通じる英会話
〈実力UPキワメル編〉

平成24年 (2012年) 6月10日　初版第1刷発行
平成24年 (2012年) 7月10日　　　第2刷発行

著　者	ジョセフ・ルリアス／宮野 智靖
発行人	福田 富与
発行所	有限会社　Jリサーチ出版
	〒166-0002　東京都杉並区高円寺北2-29-14-705
	電話 03(6808)8801代　FAX 03(5364)5310
	編集部 03(6808)8806
	http://www.jresearch.co.jp
印刷所	株式会社シナノパブリッシングプレス

ISBN978-4-86392-108-5　禁無断転載。なお、乱丁・落丁はお取り替えいたします。
© Joseph Ruelius, Tomoyasu Miyano 2012 All rights reserved.